액티브 러닝 수업

100

단 한 명의 학생도 놓치지 않는 최고의 수업 전략

액티브 러닝 수업

ACTIUE LEARNING

표미선 지음

지식프레임

들 어 가 는 말
수업 안에서 어떻게 행복해질 수 있을까?

교사, 교수, 강사 등 대한민국에서 가르치는 일을 업으로 살아가고 있는 사람들이라면 누군가를 가르치는 것을 좋아하거나 적어도 가르치는 일에 관심이 있는 사람들입니다. 그리고 좋아하는 일을 하는 것은 그 자체만으로도 행복한 일입니다. 하지만 어떤 일을 좋아한다거나 관심 있다는 것이 꼭 그 일을 잘한다는 것을 의미하지는 않습니다. 만약 내가 좋아하는 일을, 심지어 "잘한다"면 어떨까요? 그것만큼 나를 행복하게 하는 일도 없을 겁니다.

교실 안에서 선생님의 진짜 행복은 바로 잘 가르치는 것입니다. 따라서 수업에서 어떻게 행복해질 것인가는 어떻게 학생들을 잘 가르칠 것인가와 같은 질문이 되겠지요. 이는 결국 어떻게 학생들이 잘 배우도록 할 것인가로 귀결됩니다.

어떻게 하면 수업을 통해 내가 행복해질 것인가라는 질문에 대한 대답을 저는 "액티브 러닝 수업"에서 찾았습니다. 액티브 러닝 수업이란 어떤 방법으로든 학생들에게 실제 배움이 일어나도록 수업을 구성하는 방법이기 때문입니다.

가르치는 사람에게는 근원적인 욕구가 있습니다. 바로 수업에 대한 자신감입니다. 수업 자신감을 올리기 위해서는 몇 가지 조건이 충족되어야 합니다. 수업에서 한 명도 빼놓지 않고 모든 학생들에게 배움이 일어날 것, 교사와 학생들 모두 수업 시간을 즐길 것, 수업 시간이 시작하는 순간부터 끝나는 순간까지 의미 있을 것 등입니다. 하지만 이 조건을 충족시키는 방법은 그 어디에서도 제대로 가르쳐주지 않습니다.

2020학년도 서울특별시 학생 평가 내실화 계획에는 다음과 같은 구절이 있습니다.

"서·논술형 평가를 하기 위해서는 지식 중심의 내용을 암기하는 수업을 지양하고, 학생 참여 중심의 협력 학습을 통해 자신의 생각을 논리적으로 표현하고 기술하거나 배운 내용을 스스로 정리하는 자기 주도적이고 역량 중심의 수업이 이루어져야 함…."

그런데 "어떻게 학생 참여 중심의 협력 학습을 교실 안에서 실현할 것인가?", "어떻게 자기 주도적이고 역량 중심의 수업을 가능하게 할 것인가?"란 질문에 대한 대답은 어디에서도 속 시원하게 해주지 않습니다. 하지만 교사들에게는 지금 당장 대답이 필요합니다.

교실 안에서 당장 쓸 수 있는 구체적이고 현실적인 방안 말이지요.

저 역시 다른 많은 선생님들처럼 교실 안에서 행복하지 않았고, 고군분투하는 시간을 오롯이 보냈습니다. 하지만 매일 조금씩 변화했습니다. 제가 학생들을 키웠고 학생들이 저를 키웠습니다. 긴 시간 동안 많은 학생들과 매일 조금씩 함께 발전했지요. 그런 작은 시도들이 학생들을 움직였고 그 움직임이 다시 저에게 큰 울림으로 돌아와 교사로서 더욱 성장하게 하는 원동력이 되어주었습니다. 덕분에 EBS중학 TV 강사로 전국에 있는 수많은 학생들을 가르치는 기회를 갖게 되었고, 또 가르치는 사람으로서 응당 가져야 할 근원적인 욕구, 즉 수업 자신감으로 묘하게 설레고 가슴 떨리는 기분을 안고 교실로 들어갑니다. 그래서 저는 행복한 교사가 맞습니다.

이처럼 저를 행복한 교사로 만들어준 방법이 바로 액티브 러닝 수업입니다. 이는 심오하거나 대단하고 화려한 수업 방법이 아닙니다. 학생들이 잘 배울 수 있도록 돕는 간단한 방법들을 꾸준히 수업에 적용하는 것이 본질입니다. 아무리 혁신적이고 훌륭한 방법이라 할지라도 당장 수업에서 쓰기에 큰 노력이 들어간다면 소용없는 일이 되겠지요. 그만큼 "얼마나 쉽게 실행할 수 있는가?"가 좋은 수업법인지 아닌지를 결정하는 중요한 요인입니다.

이 책은 교실에서 부담 없이 내일 당장 쓸 수 있는 전략들을 담고 있습니다. 수동적인 강의식 수업을 간단하게, 그리고 액티브하게 만들 수 있는 전략들입니다. 이는 전통적인 강의식 수업에서 액티브 러닝 수업으로 넘어가는 일이 크게 어려운 일이 아니며, 수업의 구조나 학생 조직의 변화, 간단한 활동 적용, 혹은 적절한 질문 하나만으로도 충분히 수업이 액티브하게 변화할 수 있다는 것을 보여줍니다. 특별한 선생님만 할 수 있는 것이 아니라 저처럼 평범하고 변화를 두려워하는 사람도 내일부터 당장 할 수 있는 방법들입니다.

물론 이 책이 대단하고 유일한 정답을 제시하는 것은 아닙니다. 교실 안에서 일어나는 모든 문제의 해결책을 제시하지도 않습니다. 책을 읽으며 공감하는 부분도, 그리고 공감하지 못하는 부분도 당연히 있을 것입니다. 하지만 공감하지 않는다는 것 자체도 변화의 시작입니다. 각자가 나만의 티칭 스타일을 만들어갈 좋은 출발점이지요. 저는 이 책이 그 변화의 출발점이 되기를 기대합니다.

변화는 그 자체만으로도 힘이 있습니다. 하나가 다른 하나를 불러오고, 그것이 또 새로운 것을 떠오르게 하고 시도하게 하지요. 이 책이 그 시작점이 되기를 소망합니다. 그래서 선생님과 학생들이 수업 시간을 "견디는 시간"이 아니라 "실제로 배움이 일어나는 시간"이자 "실제로 웃음이 가득한 시간"으로 만들어나가길, 그래서 선생님과 학생 모두에게 학교가 더 나은 곳, 갈 만한 곳이 되기를 바랍니다.

CONTENTS

● Part 4 신체 활동으로 수업 에너지 높이기

● Part 5 학생들의 사고력을 키워야 할 때

● **Part 6** 브레인스토밍이 필요할 때

● Part 9 가르쳐야 할 학습 내용이 많을 때

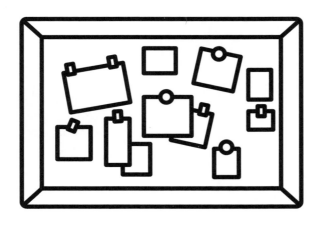

Intro
액티브 러닝으로
수업을 바꾸다

수업은 관람 경기가 아니다.
학생들은 그들이 배우고 있는 것에 관해
반드시 말해야 한다.
반드시 써야 한다.
반드시 자신의 경험과 연결시켜야 한다.
반드시 그들의 일상에 적용시켜야 한다.

– 라이트 치커링(Wright Chickering), 젤다 갬슨(Zelda Gamson)

1

**선생님의 수업이
망하는 이유**

　　　_____ 학생 모두가 반짝이는 눈빛으로 수업에 열정적으로 참여하는 장면은 모든 선생님들이 간절히 원하는 이상적인 수업의 모습입니다. 그런데 현실에서 매일 맞닥뜨리는 수업의 풍경은 어떤가요? 최선을 다해 수업을 준비했지만 엎드려 있는 학생들이 보입니다. 졸고 있지는 않지만 다른 생각을 하고 있는 학생들도 여럿 있습니다. 그나마 수업을 듣고 있는 학생들에게서도 에너지는 좀처럼 찾아보기가 어렵습니다. 이쯤 되면 스스로에게 이렇게 물어보게 되지요.

　　무엇이 잘못인가?
　　나의 열정이 부족한가?
　　나의 교수법이 문제인가?

교육자이자 철학자인 파울로 프레이리(Paolo Freire)는 수업을 듣고 있는 학생을 "듣는 물건"에 비유합니다.

"교사인 당신은 "듣는 물건"이 되고 싶은가? 생각해 보자. 당신의 사랑하는 자녀가 열심히 학교로 달려가 결국 하루 종일 누군가의 "듣는 물건"이 된다는 사실을 알게 된다면 과연 당신 마음이 편안해질 수 있을까?"[*]

여기서 교사인 우리는 스스로에게 물어볼 수밖에 없습니다. 교탁 앞에 서서 학습 내용을 전달하는 나, 그리고 책상에 앉아서 그 학습 내용을 수동적으로 듣고 있는 학생들, 즉 "서서 전달하는 물건"과 "듣는 물건들"이 내 수업의 모습은 아닌지 말입니다.

수업이 이처럼 수동적으로 진행되는 이유는 의외로 간단한 데 있습니다. 바로 "수업을 조립하는 방식"의 문제 때문입니다. 엎드려 있는 학생들의 두뇌와 신체를 깨우는 방식으로 "강의"와 "활동"이라는 수업 요소를 적절하게 조립하면 문제를 해결할 수 있습니다.[**] 하지만 이 조립 방식을 알지 못하기 때문에 선생님도 모르는 사이에 수업은 기계들로 채워집니다. 말하는 기계인 선생님과 듣는 기계인 학생들로 말이지요. 수업을 학생들의 입장에서 바라보지 않고 교사의 입장에서만 생각하면 지식 "전달"에만 집중하게 됩니다. 그

---

[*]   Pérsida Himmele, et al. (2011). Total Participation Techniques: Making Every Student an Active Learner.

[**] 이 책에서 '수업'은 한 차시 동안 일어나는 모든 교수·학습 활동, '강의'는 학습 내용을 설명하는 행위, '미니 강의'는 10분 이내의 짧은 설명을 의미하는 용어로 사용하였습니다.

래서 선생님은 계속 강의만 하는 "말하는 기계"가 되는 거지요.

선생님이 끊임없이 말만 하는 그 순간, 아이러니하게도 학생들은 최선을 다해 배움에서 저 멀리 달아납니다. 배움은커녕 지루함에 어쩔 줄 몰라 합니다. 하지만 꼼짝없이 자리에 앉아서 선생님을 기계적으로 바라보고 있어야 합니다. 소중한 시간이 흘러가지만 불행하게도 배움은 일어나지 않습니다. 배움이 일어나지 않는 선생님의 말은 학생들에게 소음이 되고 맙니다.

수동적인 수업은 철저히 외면당한다

수동적으로 선생님의 강의를 듣기만 하는 수업은 수동적인 학습을 생산합니다. 액티브 러닝의 반대 개념이지요. 물론 강의는 해야 합니다. 강의는 많은 양의 지식을 손쉽게 전달할 수 있는 효율적인 교수법이 맞습니다. 문제는 많은 선생님들이 수업에서 "강의만" 한다는 것입니다. 선생님들은 학생들이 설명을 들으면 자연스럽게 학습이 이루어진다고 생각하거나 혹은 그렇게 믿고 싶어 합니다. 그래서 지식 전달이 끝나면 교사로서의 책임을 다했다고 느낍니다.

하지만 정보 전달식 수업은 학생을, 심지어 적극적으로 배울 준비가 된 학생들까지도 수동적으로 만듭니다. 그 결과 학생들은 수업 중에 정보 기억을 넘어서는 사고 활동을 하지 않습니다. 급히 필기할 시간은 있지만 학습 주제에 대해 곰곰이 생각할 시간은 거의 없습니다. 핵심 개념을 추려낼 시간도, 그것을 흡수할 시간도 없습니다. 사고를 하지 않기 때문에 학습 내용을 새로운 상황에 적용하기 위해 필요한 분석력, 판단력을 키울 수도 없습니다. 그래서 수업이 끝나면 막상 학습 내용은 두뇌에 저장되지 않고 쉽게 휘발됩니다.

강의식 수업의 가장 심각한 문제는 선생님과 학생이 늘 맞닥뜨리는 교실 안 현실입니다. 학생들의 수업 집중도와 참여도는 참담할 정도로 낮아집니다. 수업 시간에 열정과 에너지는 없습니다. 심지어 딴짓을 하거나 잠을 잡니다. 당연히 학생들의 수업 만족도가 매우 떨어지겠지요. 학생의 수업 만족도는 선생님의 수업 만족도와도 직결됩니다. 그래서 선생님이 행복해지기 위해서라도 수동적 학습(passive learning) 수업을 지금 당장 능동적인 학습 수업(active learning)으로 바꾸어야 합니다.

진정한 배움이 일어나는 액티브 러닝

●

배움 자체는 본래 액티브한 과정입니다. 심리학자이자 구성주의의 창시자인 장 피아제(Jean Piaget)는 인지 발달을 오랜 기간 연구한 끝에 아이들은 "스스로 의미를 만들어가는 과정"에서 배운다는 사실을 발견했습니다.[*]

---

[*] Piaget, J., & Cook, M. T. (1952). The origins of intelligence in children. New York, NY: International University Press.

활동을 통해 지식을 직접 사용해 보아야 비로소 배울 수 있다고 본 것이지요. 이는 20세기 초 교육자인 존 듀이(John Dewey)와 마리아 몬테소리(Maria Montessori)가 주장한 "학생들이 자신의 학습에 핵심 역할을 해야 배움이 일어난다"는 학생자 중심의 교육 방식과 일맥상통합니다.

선생님에게 전달받은 지식을 학생들이 "스스로, 그리고 적극적으로 활용"해 볼 기회가 없는 수업에서는 학생들이 당연히 졸기 마련입니다. "배움"이 일어나지 않는 시간이기에 선생님의 설명에 집중할 이유를 찾을 수 없습니다. 따라서 수업 시간에 학생들을 생생하게 살리고 싶다면 반드시 학생들이 액티브하게 두뇌를 쓸 기회, 액티브하게 움직일 기회, 액티브하게 다른 학습자와 관계를 맺을 기회, 스스로 의미를 만들어보고 스스로 이해할 기회, 그리고 새로운 지식을 스스로 적용해 볼 기회를 주어야 합니다. 그래야 비로소 선생님은 학생들을 "가르쳤고" 학생들에게는 "배움이 일어났다", 즉 수업이 제대로 "이루어졌다"고 말할 수 있습니다.

한 명의 학생도 놓치지 않는 액티브 러닝 수업의 비밀은 여기에 있습니다. 학습 내용을 가지고 학생들이 계속 무엇인가를 할 수 있도록 수업을 액티브하게 만드는 것입니다. 듣기, 말하기, 읽기, 쓰기, 질문 만들기, 대답하기, 토론하기, 걷기, 뛰기, 던지기, 외우기, 생각하기, 협력하기, 경쟁하기, 평가하기, 비판하기, 개인 활동, 짝 활동, 그룹 활동, 전체 활동 등 교실에서 실현 가능한 모든 수단을 수업에 동원합니다. 그래서 학생들의 두뇌와 마음, 신체를 능동적으로 수업에 참여하게 만들어 배움을 자연스럽게 일어나게 하는 것입니다.

액티브한 수업에서는 학생들이 절대 졸지 않습니다. 졸지 못합니다. 무엇인가를 계속하고 있으니 수업 참여 이외에 학생들에게 다른 선택이 없기 때문입니다.

2

액티브 러닝이란 무엇인가?

_____ 액티브 러닝 수업은 학생들이 배움의 주인이 되는 모든 수업 방식을 일컫습니다. "학습자가 어떤 개념을 제대로 이해하고 습득하기 위해서는 학습에 적극적으로 참여해야 한다"는 구성주의 관점을 받아들여 이를 실제로 수업 현장에서 실현시키는 수업법입니다. 따라서 학생들을 학습의 과정에 참여시키는 수업 방법이라면 무엇이든 액티브 러닝 교수법이라고 정의할 수 있습니다. 선생님들이 잘 알고 있는 학습자 중심 수업, 과제 중심 수업, 협동 수업, 팀 수업, 또래 중심 수업 그리고 거꾸로 수업까지, 학생들이 수업 시간에 선생님의 설명을 수동적으로 듣는 방식을 탈피한 수업 방식이라면 모두 액티브 러닝 수업에 포함됩니다.

전문가들은 액티브 러닝 수업에 대해 다음과 같이 이야기합니다.

- 학생들이 무엇인가를 하도록 하는 것, 그리고 자신들이 하는 것에 대해 생각하게 하는 것이다. – 찰스 본웰, 제임스 에이슨(Charles Bonwell, James Eison, 1991)
- 학생들에게 학습 내용에 관해 "의미 있게" 말하고, 듣고, 쓰고, 읽고, 생각해 보는 기회를 제공하는 것이다. – 쳇 마이어스, 토마스 존스(Chet Meyers, Thomas Jones, 1993)
- 모든 학생들이 수업에서 단순히 보고, 듣고, 필기하는 것 이상을 하게 하면 무엇이든 액티브 러닝 수업이다. – 리차드 펠더, 레베카 브렌트(Richard Felder, Rebecca Brent, 2009)
- 학생들이 교사의 말을 수동적으로 듣는 것과는 반대로 다양한 활동 혹은 토론의 과정에 학생들을 참여시키는 것이다. 고등 사고와 그룹 활동을 포함한다. – 스콧 프리먼, 새라 에디, 마일스 맥도너(Scott Freeman, Sarah Eddy, Miles McDonough, 2014)
- 학습 내용이 마음에 새겨지려면 직접 경험하고 행동해야 한다. – 자넷 랜킨(Janet Rankin, 2015)

교육 전문가들은 액티브 러닝 수업에 대해 크게 두 가지를 말하고 있습니다.

첫째, 수업 시간에 학생들이 수동적으로 듣게만 해서는 절대 안 된다는 것입니다. 어떤 방법을 써서라도 학생들이 인지적, 신체적 활동성을 유지할 수 있는 수업 방식을 활용해야 합니다.

둘째, 유의미하게 사고하여 자신의 생각을 다양한 방식으로 적극적으로 표현할 기회를 수업 중에 제공해야 합니다.

전문가들의 결론은 학생들이 수업 도중에 생각하고 표현하는 "활동"에 계속해서 참여해야 학습이 된다는 것입니다. 즉 학생들의 두뇌가, 그리고 신체가 바쁘게 활동할 수 있도록 수업을 디자인하는 것이 액티브 러닝 수업의 핵심입니다.

그렇다면 "활동"을 통해 학생들이 수업에서 얻는 것은 무엇일까요? 바로 자연스럽게 배움의 과정에 적극적으로 참여하게 된다는 것입니다. 학생들은 활동을 하면서 강의에서 전달받은 지식의 이해 정도를 스스로 모니터링할 수 있습니다. 자신의 생각과 경험을 더하여 지식을 확장시킬 수도 있습니다. 그리고 가장 중요한 것은 실수할 기회를 갖게 된다는 점입니다. 스스로 부족한 점을 깨달을 기회, 그리고 그것을 보충할 기회를 갖게 됩니다. 즉 활동을 통해 자신의 학습 과정에 대한 피드백을 스스로 줄 수 있습니다. 이는 학생이 직접 자신의 학습 과정에 주인이 되도록 하고, 이를 통해 자기 효능감, 학습 책임감을 키우는 데 도움이 됩니다. 지식과 이해에 깊이만 더하는 것이 아니라 학습 기술, 학습 태도까지 향상시키는 것이지요.

워싱턴 대학교 스콧 프리먼(Scott Freeman) 교수는 "액티브 러닝의 효과를 입증하는 자료들이 이렇게 강력한데 아직도 순수 강의법만 고수하는 것은 교사로서 양심적이지 않은 행동이다."라고 말합니다. 그는 "액티브 러닝 수업으로 학습하지 않은 학생들은 액티브 러닝 수업으로 학습한 학생들보다 낙제할 가능성이 1.5배 높다."라는 연구 결과를 함께 발표했습니다.[*] 이는 액티브 러닝 수업이 학습 결과뿐만 아니라 학습 태도에도 얼마나 큰 영향력을 미치는지를 분명하게 증명해 주는 자료입니다.

교육 현장에서 이미 검증된 수업법

●

액티브 러닝에 대한 당위성, 중요성에 대한 인식은 이미 교육계에서 시작되었습니다. 세계적으로 권위 있는 대학들이 액티브 러닝 수업의 효율성을 증명하기 위해 수많은 연구를 진행해 왔습니다.

하버드 대학교 물리학 교수인 에릭 마주르(Eric Mazur)는 액티브 러닝 전략의 일종인 "또래 교수법"이 학생들의 학습 능력(문제 해결 능력, 개념 학습)을 향상시킨다는 것을 입증하였습니다.[**] 또한 미국 STEM 교육 개혁자인 데이비드 헤스테네스(David Hestenes)는 6,500명 이상의 학생을 대상으로 한 연구를 통해 액티브 러닝 수업으로 학습한 학생들이 강의 수업을 받은 학생들보다 학습 평가에서 두 배 더 높은 결과를 나타냈으며, 특히 문제 해결 능력에서 두드러진 성장을 보였다고 발표했습니다.[***] 미국의 NSSE(the

---

[*]   Freeman, S., et al. (2014). Active learning increases student performance in science, engineering, and mathematics. University of Washington, Seattle, WA.

[**] Catherine H. Crouch and Eric Mazur (2000). Peer Instruction: Ten years of experience and results. Department of Physics, Harvard University, Cambridge, Massachusetts.

[***] Hestenes D, et al. (1992). Force concept inventory. Physics Teacher.

National Survey of Student Engagement)가 2000년부터 2017년까지 수만 명의 학생들을 대상으로 연구한 결과에 따르면 액티브 러닝 학습은 높은 학업 성취도뿐만 아니라 학생들에게 학교를 졸업한 이후의 삶까지 긍정적인 영향을 미친다는 점을 발표했지요.[*] 이외에도 액티브 러닝 수업이 학생들의 학습 동기를 높인다는 연구 결과는 여러 논문에서 수없이 많이 찾아볼 수 있습니다.

하버드 대학교, 미네소타 대학교, MIT 공대, 스탠포드 대학교 등 미국 유수의 대학에서는 이미 액티브 러닝 수업으로 학생들을 가르치고 있습니다. 또한 여러 대학들은 교수들에게 액티브 러닝 수업법을 연수하고 있으며, 액티브 러닝 활용 수업을 대학교 홍보에 적극 이용하기도 합니다.

대학 및 대학원에서 학생들을 효과적으로 가르치는 것이 입증된 액티브 러닝 교수법은 이제 초등학교, 중학교, 고등학교로 넘어왔습니다. 〈포브스(Forbes)〉의 교육 전문가, 톰 아크(Tom Ark)는 액티브 러닝 수업 환경을 2018년 최고의 유, 초, 중, 고 학습 트렌드(Top Learning Trend in K-12 classrooms)로 선정하기도 했습니다. 대학원생, 대학생들을 대상으로 한 액티브 러닝 수업을 단순화하여 어린 학생들의 수준에 맞게 적용할 수 있는 다양한 방법들이 발표되고 또 실제 적용되고 있는 것이지요. 액티브 러닝 수업의 기세는 영국을 비롯하여 미국 내 초, 중, 고로 번지고 있습니다. 대표적인 예

---

[*]   Hips at Ten. Kuh, O'Donnell, et al. (2017). Change: The Magazine of Higher Learning.

가 북아일랜드입니다. 북아일랜드는 교육청에서 직접 다양한 액티브 러닝 활동 방법들을 계발하여 선생님들이 액티브 러닝 수업으로 학생들을 가르칠 수 있도록 적극적으로 장려하고 있습니다.[*]

상대적으로 우리나라에서는 액티브 러닝 수업을 경험하고 배울 기회가 거의 없습니다. 스스로 개척해 나가야 하는 이 상황은 모든 선생님들이 직면한 현실입니다. 하지만 학습을 액티브하게 만드는 일은 생각보다 그렇게 힘든 일은 아닙니다. 선생님이 본래 가르쳤던 방식에 액티브 러닝 수업 전략과 액티브 러닝 활동을 추가하여 수업을 조직하면 됩니다. 단언하건대 액티브 러닝을 통해 선생님은 학생들과 함께 의미 있고 행복한 수업 시간을 만들 수 있습니다.

---

[*] Active Learning and Teaching Methods for Key Stages 1, 2, 3. (2007). Northern Ireland Curriculum.

3

**10분의 법칙과
흥미 곡선**

_____ 액티브 러닝 수업을 알기 위해서는 먼저 이해해야 할 중요한 법칙 두 가지가 있습니다.

수업 집중력 지속 시간 : 10분의 법칙

수업 집중력이 지속되는 시간은 성인의 경우 15분, 초~고등학생은 5~10분입니다. 가르치는 사람이라면 이 시간을 꼭 기억해야 합니다.

교육 전문가인 필립 완캇(Phillip Wankat)의 연구에 따르면 강의식 수업에서 대학생들이 학습 내용에 집중할 수 있는 시간은 대략 15

분이라고 합니다.[*] 이는 교수가 강의를 15분 이상 지속할 경우 학생들의 집중력과 학습 내용 보유 능력이 급격하게 감소한다는 것을 의미합니다. 따라서 강의 시작 후 15분 내로 교수가 학생들이 느끼는 지루함과 혼동을 해결하지 못하면 학생들은 강의가 끝날 때까지 인지적, 정서적 몰락 상태에 빠지게 됩니다.[**]

10~15분 내에 수업 집중력이 무너지는 이 현상은 학습 동기가 매우 높은 집단인 의과대학 학생들조차 피할 수 없는 법칙이라는 연구도 있습니다.[***] 강의가 15분 이상 지속되면 아무리 학습 동기가 높고 인지 발달이 높은 학생들이라고 할지라도 학습 내용이 두뇌에 다 담기지 못하고 공중에 휘발되는 것이지요.

그에 비해 성인이 아닌 학생들은 5~10분 동안만 수업 집중력이 지속됩니다. 이 집중력 지속 시간이 넘어가면 학생들의 집중력은 급속하게 흐트러집니다. 따라서 어린 학생을 가르치는 선생님일 경우 10분 이상 학습 내용에 관해 설명하면 안 되겠지요. 뇌 기반 학습 전문가인 에릭 젠슨(Eric Jensen)은 10분 이상 수동적으로 듣기만 하는 학생들은 집중력과 인지 능력이 떨어지며 심지어는 교실

---

[*]   Phillip C. Wankat (2002). The Effective Efficient Professor: Teaching, Scholarship and Service. Allyn and Bacon: Boston, MA.

[**] Hartley, J., and Davies, I., (1978). Note Taking: A Critical Review. Programmed Learning and Educational Technology.

[***] J Stuart, R J Rutherford (1978). Medical student concentration during lectures. Medical Education.

안에서 문제 행동을 보일 가능성이 매우 높아진다고 설명합니다.[*] 그래서 그는 학생들의 집중력과 인지 능력을 높이고, 학습을 더 즐겁게 만들기 위해서 액티브 러닝으로 수업할 것을 제안합니다.

이렇듯 액티브 러닝 교수법은 "10분의 법칙"에서 출발합니다. 학습 내용을 잘 전달하면서 학생들의 인지적, 신체적 활동성을 유지할 수 있는 비밀은 이 "10분의 법칙"에 있습니다.

그렇다면 이 법칙을 수업에 어떻게 적용할 수 있을까요?

수업 시간에 가르쳐야 할 학습 내용을 10분 내의 작은 덩어리로 나누어 "미니 강의" 형식으로 학생들에게 전달합니다. 그리고 그 미니 강의들 사이에 학생들이 배운 내용을 바로바로 적용해 볼 수 있는 활동을 하나씩 배치하면 됩니다. 학생들의 두뇌, 마음, 그리고 신체를 움직이게 하는 액티브 러닝 활동 말입니다. "활동"이라는 단어 때문에 부담을 가질 필요는 없습니다. 학생들이 짝을 지어 학습 내용에 대한 자신의 생각을 말하는 간단한 활동만으로도 액티브 러닝 수업을 구현할 수 있습니다.

---

[*] Eric Jensen (2005). Teaching with the brain in mind. Alexandria, Va. : Association for Supervision and Curriculum Development.

"10분의 법칙"을 적용한 액티브 러닝 45분 수업 구성의 예[*]

이처럼 수업을 작은 단위로 나누는 것은 액티브 러닝 수업에서 가장 기본적이고 중요한 포인트입니다.

"10분 수업 쪼개기"는 마치 요리와 같습니다. 이런 단순한 구조로 수십 가지 다양한 형태의 액티브 러닝 수업을 창조할 수 있기 때문입니다. 수업 목표와 선생님의 의도에 따라 다양한 액티브 러닝 활동들을 적용하여 학생들이 지루할 틈을 주지 않는 즐거운 수업, 그리고 학생들의 고등 사고력을 키우는 깊이 있는 수업을 만들 수 있습니다.

---

[*] Thinking Together : Collaborative Learning in Science, Harvard University, Derek Bok Center.

흥미 곡선 : 간헐적 과제, 간헐적 행복의 법칙

●

학생들의 학습 동기와 집중력을 높여 액티브한 수업을 가능하게 하는 또 하나의 개념은 바로 "흥미 곡선"입니다.

흥미 곡선은 미국의 비디오 게임 디자이너인 제시 쉘(Jesse Schell)의 책에서 처음 소개되었습니다.[*] 그의 원래 의도는 사람들이 게임에 "끊임없이" 흥미를 느끼게 해서 짧은 인간의 집중력을 길게 늘이는 방안을 찾아내는 것이었습니다. 그래야 사람들이 비디오 게임에 더 오래 열중하도록 만들 수 있을 테니까요.

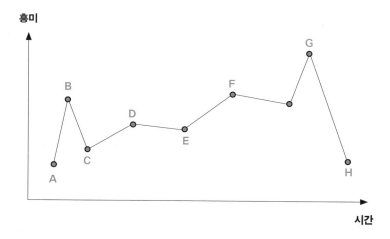

게임 디자인에서의 흥미 곡선

---

[*] Schell, Jesse. The Art of Game Design : a Book of Lenses. Amsterdam ; Boston : Elsevier/Morgan
    Kaufmann, 2008.

흥미 곡선의 핵심 내용은 집중력을 늘리기 위해서 "행복감을 일으키는 순간을 간헐적으로 제시하라"는 것입니다. 즉 사람들의 흥미가 떨어져 집중력이 흐트러질 때쯤 사람들의 감정을 들뜨게 만드는 과제를 제시하여 "흥분, 신남, 행복" 같은 긍정적인 감정 반응을 불러일으키게 하는 것이 비디오 게임 디자인의 전략인 셈이지요.

앞의 표를 보면 B, D, F, G에서 흥미도가 올라갔습니다. 바로 이 지점이 게임에서 "감정 요소를 유발하는 과제"가 유입된 순간입니다. 간헐적으로 흥미를 유발하는 미션을 제시해 그 과제를 해결하고 난 후 게임 유저들이 성취감과 만족을 느끼게끔 게임을 디자인하는 것이지요. 게임 유저들이 게임과 쌍방향으로 교류할 수 있는 도전들을 띄엄띄엄 제시하는 것이 핵심입니다. 그리고 의도적으로 계곡(C, E, H)을 만들어 감정을 쉽게 해줌으로써 게임 유저들이 금방 지치지 않도록 관리합니다.

게임 개발을 위해 만들어진 쉘의 흥미 곡선은 아이러니하게도 학습에도 적용됩니다. 이 흥미 곡선을 잘 활용해서 수업을 디자인하면 수업의 시작부터 끝까지 학생들의 집중력과 과제 흥미도를 지속시킬 수 있는 액티브 러닝 수업을 완성할 수 있습니다. 즉 게임할 때처럼 학생들이 시간 가는 줄 모르고 즐겁게 수업에 참여할 수 있게 됩니다.

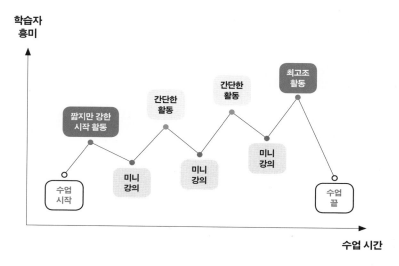

흥미 곡선을 활용한 수업 조직*

  위의 그래프는 "흥미 곡선"을 활용하여 수업의 시작부터 끝까지 학습자의 집중력과 흥미를 꽉 잡기 위한 전략적인 활동 배치를 보여줍니다. 흥미 곡선에 맞추어 학생들이 여러 번 감정적 정점을 느낄 수 있도록 수업 중간중간에 액티브 러닝 활동을 넣어 수업을 디자인합니다. 여기서 핵심은 수업 시간의 흐름에 따라 "짧지만 강한 → 간단한 → 최고조" 활동을 순차적으로 배치하는 것입니다.

---

* Karl Kapp (2011). Does Your E-Learning have an Interest Curve?

1. 강한 시작 활동

수업 시작과 함께 짧지만 강하게 긍정적인 감정을 유발하는 활동을 합니다. 1~2분 내의 짧은 아이스 브레이킹 활동으로 수업을 시작하는 것이 좋습니다. 이런 강한 시작 활동은 학생들이 어느 정도의 흥미와 기대를 가지고 수업에 들어갈 수 있도록 유도합니다. 즐거운 수업 시작이 학생들에게 학습 동기를 유발하고 좋은 수업의 흐름을 만드는 것이지요.

Tip_짧지만 강한 아이스 브레이킹 활동의 예

- **전 차시 복습 퀴즈** 가위바위보, 눈치 게임, 손가락 씨름 등으로 이긴 학생이 복습 문제를 풀 수 있습니다.
- **공 잡기 퀴즈** 부드러운 공을 준비합니다. 신나는 음악과 함께 학생들이 공을 다른 사람에게 던집니다. 선생님이 음악을 멈추는 순간 공을 잡고 있는 사람이 전 차시나 오늘 배울 학습 내용에 관련된 퀴즈를 풉니다.
- **두 개의 사실, 하나의 거짓** 오늘 학습할 내용에 관련된 진술문을 준비해 팀별로 무엇이 사실이고 무엇이 거짓인지 찾아내도록 합니다.
- **초성 퀴즈** 전 차시에서 중요한 개념을 초성 퀴즈로 내면 학생들은 답을 맞히고 관련 내용을 간단히 설명하거나 관련 예를 몇 가지 말합니다.

---

2. 간단한 액티브 러닝 활동

본격적인 수업에서 학생들이 흥미를 잃지 않도록 하기 위해서는 미니 강의 직후 강의에서 들은 새로운 정보를 사용해 학생들이 반드시 무언가를 "할 수 있도록" 수업을 구성하세요. 이때 학생들이 감정, 신체 혹은 두뇌를 충분히 움직일 수 있는 활동이 필요합니다. 이를 통해 학생들은 성취감과 흥분, 재미를 느껴 학습에 집중력을 유지할 수 있습니다.

그리고 다음 도전(활동)이 또 있다는 것을 학생들에게 알려야 합니다. 그래야 상대적으로 감정이 덜 유발되는 수업 활동(미니 강의)에서도 흥미를 잃지 않고 다음 활동 때까지 기대감을 가지고 수업에 집중합니다. 다만 흥미 곡선을 유념해서 수업 후반부에 비해 수업의 중반부에는 단순한 형태의 활동을 배치하는 것이 좋습니다.

3. 흥미 계곡(미니 강의 + 활동)

강의와 활동을 교차로 배치하여 학생들의 감정이 쉴 시간을 줍니다. 계속된 감정적 반응은 학생들을 지치게 할 수 있기 때문입니다.

4. 최고조 액티브 러닝 활동

한 시간에 한 번은 학생들이 환호하고 가슴을 두근거리게 만드는 게임 형식의 액티브 러닝 활동을 배치해 감정적 클라이맥스를 경험하게 합니다. 최고조 활동은 가능한 한 수업의 후반부에 배치합니다. 감정의 절정 상태를 맛본 학생들은 수업이 끝난 후에도 행복감을 느끼기 때문입니다. "행복감"은 학습에 중요한 요소입니다. 행복감은 학생들의 두뇌에 학습 내용이 오래 남도록 하며 학습 내용을 쉽게 떠올리도록 합니다. 그리고 그 행복감으로 인해 학생들이 선생님의 수업 시간이 다가오기를 기대하고 기다리게 됩니다.

4

**수업 쪼개기가
핵심이다**

_____모든 학생들을 배움에 몰입시킬 액티브 러닝 수업을 하겠다는 결심이 섰다면 이제 선생님이 해야 할 첫 번째 단계는 수업 쪼개기 전략입니다. 지금까지 자신이 여태껏 머물러 있던 "수업 안전지대"에서 살짝 벗어나보세요.

수업 한 번 쪼개기

첫 번째 목표는 수업 중간에 딱 한 번, 잠시 강의를 멈춰보는 것입니다. 평소 선생님의 수업 스타일 그대로 진행하세요. 다만 다음의 그림처럼 수업 중간쯤 딱 한 번만 잠시 강의를 멈춰봅니다. 이 시간을 강의 "정지(pause) 시간"이라고 부르겠습니다. 이 시간은 선생님에게는 말 그대로 쉬는 시간입니다.

드디어 우리 학생들이 수업의 주인이 될 순간이 왔습니다. 이 정지 시간에는 학생들이 강의 내용을 명확하게 이해하고 자신의 말로 소화할 수 있도록 액티브 러닝 활동에 참여합니다. 간단하지만 학습 내용을 잘 다져줄 수 있는 5분 액티브 러닝 활동들 중 한 가지를 선택해서 배치합니다.

정지 시간 동안 간단하지만 생각을 유도하는 활동을 하게 하면 수동적이기만 했던 강의식 수업이 순식간에 서로 소통하는 액티브 러닝 수업으로 변신합니다. 액티브 러닝 수업에 익숙해질 때까지는 "5분 활동"과 같은 간단한 액티브 러닝 활동으로 진행하고, 점점 자신감이 생긴다면 더 다양한 고난도의 활동에 도전하시기 바랍니다.

Tip_5분 액티브 러닝 추천 활동

13. 색으로 말해줘   15. 텔레파시 엄지 척   17. 1분 페이퍼   18. 생각 – 짝 – 나누기   19. 생각 – 짝 – 쓰기   27. ABC 널뛰기 발표   73. 금기어   89. 문장 완성하기

수업 5분 일찍 끝내기

●

"수업 한 번 쪼개기" 구조에 익숙해졌다면 이번에는 액티브 러닝 활동을 두 번 넣어봅니다. 원래 수업했던 양에서 10~20% 정도 줄인 뒤 두 번의 액티브 러닝 활동 시간을 확보하는 것입니다. 수업 중간에 한 번의 정지 시간을 갖고 10분간 액티브 러닝 활동을 배치하며, 수업 끝나기 5분 전에 다시 한번 의도적으로 강의를 멈춥니다. 남은 5분 동안 수업 내용에 대한 마무리 액티브 러닝 활동을 진행합니다.

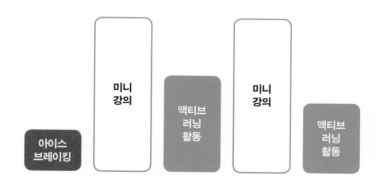

Tip _ 수업의 마무리 활동으로 좋은 액티브 러닝 활동

16. 미스터리 요약하기   20. 최후의 3문장   21. 진흙탕 찾기   23. 수업 퇴장권
24. 3-2-1

10분의 법칙! 세 번의 10분 미니 강의

●

10분 이내로 강의를 짧게 끊는 것이 핵심입니다. 진정한 액티브 러닝 수업은 강의를 8분 혹은 10분 이내로 짧게 전달하는 것에서 출발합니다. 따라서 이번 전략의 중점은 어떤 활동을 하는가에 있는 것이 아니라 한 차시 수업을 10분 이내의 미니 강의 3개로 나눠보는 것에 있습니다.

그렇다면 무엇을 기준으로 수업을 분할해야 할까요? 바로 하나의 미니 강의에 하나의 개념, 혹은 하나의 아이디어만 담는 것입니다. 그리고 하나의 개념을 다룬 미니 강의가 끝나면 바로 액티브 러닝 활동과 연계하여 그 개념을 다지고 학습하는 것입니다. 핵심에 집중하기 위해 간단한 액티브 러닝 활동을 선택합니다.

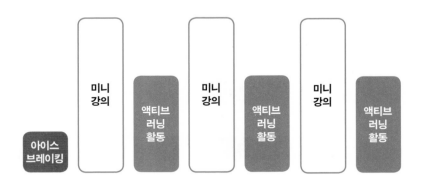

세 번의 액티브 러닝 활동으로 수업 구상하기

●

세 번의 미니 강의와 세 번의 활동에 초점을 맞추어 수업을 구성합니다. 미니 강의에 익숙해졌다면 이번에는 미니 강의 사이사이에 들어갈 액티브 러닝 활동에 집중할 차례입니다. 모든 수업을 10분 미니 강의 패턴으로 규칙적으로 진행하면 학생들은 안정감을 가지게 됩니다. 짧은 강의 시간을 통해 학생들의 강의 집중력은 유지될 수 있겠지요. 하지만 매번 같은 구조의 수업이 반복되면 학생들은 정형화된 수업 패턴에 지루함을 느낄 수밖에 없습니다.

수업에 학생들의 안정감을 살짝 깨트려주고 수업 분위기를 환기시킬 변화가 필요합니다. "액티브 러닝 활동 조직법"에 따라 가능하면 활동에 많은 변화를 줄 수 있도록 학생들의 두뇌와 감정, 신체를 움직일 미션을 던져주세요. 학생들이 그로 인해서 서로 교류하고 움직이고 웃으며 학습 내용에 더 몰입된다면 금상첨화일 것입니다.

그렇다면 다양한 액티브 러닝 활동을 어떻게 조직해야 수업에 효율적인 변화를 가져올 수 있을까요?

1. 표현 수단의 변화

쓰기, 말하기, 듣기, 읽기, 움직이기 등 각기 다른 표현 영역의 액티브 러닝 활동을 가능하면 한 시간에 섞어서 제시합니다. 이렇게 해야 학생들의 다양한 학습 스타일이 충족되고, 수업 중 개별화 학습(differentiated learning)이 가능합니다.

2. 시간의 변화

각 활동 시간에 변화를 주어서 제시합니다. 여기서 "시간의 변화"란 총 세 번의 액티브 러닝 활동의 비율을 의미합니다. 세 활동의 기본 비율이 보통 1:1:1(5분:5분:5분)이라면, 어떤 수업에는 1:1:3(3분:3분:10분), 또 다른 수업에는 0.5:3:1(2분:15분:5분)처럼 단순하고 짧은 액티브 러닝 활동과 다소 길이감이 있는 활동을 섞어 제시합니다. 이를 통해 수업에 변화를 줄 수 있고, 학생들도 한 시간에 한 번은 충분한 시간을 들여 활동의 내용에 몰입하게 되어 더 깊이 있는 배움을 가져갈 수 있습니다.

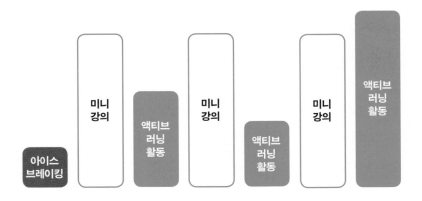

3. 활동 형태의 변화

개인, 짝, 그룹, 전체 등 활동의 형태에 변화를 주어서 제시합니다. 이런 활동 형태의 변화는 수업에 다양한 역동성을 가져옵니다. 또한 다양한 영역의 활동처럼 학습자의 다양한 학습 스타일을 존중하는 개별 수업이 실현되는 방식입니다. 이런 선생님의 수업을 통해 학생들은 학습 자율성과 학습 책임감, 다양성 존중, 의사소통 능력 등 지식만큼 중요한 정의적 능력을 기를 수 있습니다.

4. 사고력 수준의 변화

블룸의 지식 분류 체계(Bloom's Taxonomy)에 따르면 "기억하기, 이해하기, 적용하기"를 요구하는 교육 활동은 저차원적 사고력을 키우고, "분석하기, 종합하기, 판단하기"를 요구하는 교육 활동은 고차원적 사고력을 키웁니다. 따라서 액티브 러닝 활동이 저차원적 사고력을 키우는 활동에만 머무르지 않도록 유의하면서 활동을 구성합니다.

자유자재로 변화하는 액티브 러닝 수업 디자인

수업은 마치 살아 있는 생물처럼 상황에 따라 매번 변화합니다. 어제 신났던 분위기가 오늘 갑자기 다운될 수 있습니다. 선생님의 컨디션도 중요한 변수 중 하나지요. 학습 내용에 따라 강의 시간이 어쩔 수 없이 늘어나야 하는 경우도 있습니다. 그리고 늘 같은 "세 번의 미니 강의와 세 번의 활동" 패턴은 선생님을 지치게 합니다. 현실적으로 엄청난 에너지가 요구되는 특정한 액티브 러닝 활동을 선생님이 매번 준비할 수 없기 때문이지요.

늘 같은 패턴은 학생도 지루하게 합니다. 따라서 선생님은 "세 번의 미니 강의와 세 번의 활동" 패턴을 고수할 수도 없고 고수할 필요도 없습니다. 상황에 따라 한 시간에 가벼운 액티브 러닝을 세 번 배치하거나, 혹은 시간이 많이 소요되는 액티브 러닝 활동 하나를 길게 배치할 수도 있습니다.

또한 액티브 러닝 활동이 꼭 미니 강의 다음에 와야 한다는 규칙이 무조건 적용될 필요도 없습니다. 예를 들어 한 단원의 첫 번째 수업 시간에는 해당 단원을 아우르는 핵심 주제를 워밍업하는 부분에 집중해야 합니다. 따라서 브레인스토밍 액티브 러닝 활동 중 하나를 선택해서 수업 시작과 함께 바로 활동을 제시할 수도 있습니다. 반대로 단원을 정리하는 수업이라면 간단하게 10분 미니 강의 한 번으로 단원의 핵심 내용을 정리한 후 나머지 시간은 단원을 마무리하는 액티브 러닝 활동을 배치할 수도 있겠지요.

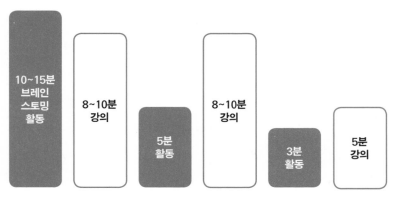

한 단원의 첫 수업 구성의 예

한 단원의 마지막 수업 구성의 예

　다음으로 고려할 부분은 가르치는 수업 내용의 주제에 따라 미니 강의 시간이 조절될 수도 있다는 점입니다. 가능한 한 10분 이내로 미니 강의가 전달되는 것이 이상적이지만 학습 내용에 따라 다뤄야 할 강의 양이 많아 액티브 러닝 활동에 할애할 시간이 부족할 때가 있습니다. 이럴 때는 액티브 러닝 활동의 개수를 줄이거나 가능한 한 가장 간단한 활동을 활용해서 수업을 구성할 수도 있습니다. 예를 들어 미니 강의 사이에 학생들이 배운 내용을 한 문장으로 요약하는 〈16. 미스터리 요약하기〉 활동이나 학습 내용에 관한 〈38. OX 퀴즈〉 같은 활동을 넣으면 강의 양이 많은 수업도 충분히 액티브해질 수 있습니다.

　또한 전달해야 하는 학습 내용의 양이 많을 때는 오히려 강의를 더 줄이는 방법도 있습니다. 강의 대신 액티브 러닝 활동 시간을 대폭 늘려서 학생들이 학습지로 발견 학습을 하거나 또래 교수법을

통해 서로 가르치고 배우는 활동으로 진행하여, 많은 학습 내용을
학생이 주도적으로 배울 수 있게 구성을 해도 좋습니다.

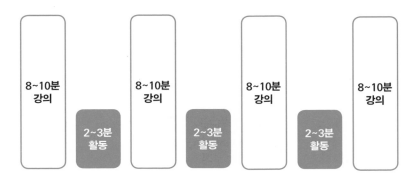

강의 양이 많을 때 수업 구성의 예 –1

강의 양이 많을 때 수업 구성의 예–2

이외에도 액티브 러닝 활동을 통해 과정 평가를 한다거나 액티브
러닝 활동을 통해 학생들이 더 깊게 이해하고 배우기를 원할 때는

액티브 러닝 활동 한 가지에 초점을 맞춰 수업을 구성할 수도 있을
것입니다.

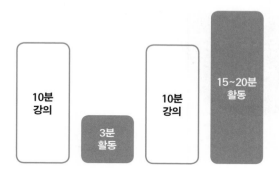

액티브 러닝 활동 집중 수업 구성의 예

5

액티브 러닝 수업 전략 8가지

_____학생들의 적극적인 수업 참여를 유도하는 네 가지 요소가 있습니다. 내적 보상, 외적 보상 그리고 개별 보상, 그룹 보상이 바로 그것입니다. 사회 심리학자인 데이비드 존슨(David Johnson)과 미네소타 대학교 교육학 교수인 로저 존슨(Roger Johnson)은 성공적인 수업은 학생들이 서로 의지하고 또 동시에 각 학생의 개별 책임감이 높은 수업이라고 정의합니다. 그리고 수업 중 상호 의존성과 개별 책임감은 바로 이 네 가지의 보상을 통해 이루어진다고 합니다.*

이 네 가지 보상을 적절하게 배치하여 학생들의 수업 참여를 최대치로 끌어올리는 액티브 러닝 수업 전략 8가지를 소개합니다. 앞

---

* David W. Johnson, Roger T. Johnson (1994). The New Circles of Learning: Cooperation in the Classroom and School. The Association for Supervision & Curriculum Development.

서 살펴본 "미니 강의 + 활동"의 액티브 러닝 수업 구성 방식에 더해 이 전략들을 수업에 활용해 보세요. 수업 중에 학생들 간의 상호작용은 물론이고 개개인의 책임감이 생겨나 수업 집중력과 활동 몰입 정도가 분명하게 달라집니다. 밋밋함, 따분함, 지루함이 발붙일 틈이 없어 시작부터 끝까지 단 한 명의 학생도 놓치지 않는 액티브 러닝 수업이 가능해집니다.

전략1

수업 시작부터 끝까지
철저한 팀 수업으로 진행하라

●

팀 구성은 성공적인 수업에 필요한 네 가지 보상이 시작되는 출발점입니다. 팀 수업에서 나오는 내적, 외적, 개별, 그룹 보상은 학생들이 인지적, 감정적으로 수업에 집중할 수 있게 합니다. 그리고 팀으로 인해 수업에 역동성이 생겨나 학생들 스스로 늘 새로운 수업 분위기를 만들어냅니다. 또한 한 팀을 이루어 협력하는 과정을 통해 학생들은 표현력, 소통 능력, 설득력, 의사 결정력, 갈등 관리 능력과 같은 새로운 사회가 요구하는 기술까지 동시에 키울 수 있습니다.

팀 수업에 있어 가장 중요한 것은 "팀을 어떻게 구성하는가"입니다. 학생 중심 수업 전문가들은 한목소리로 팀 수업의 효율을 극대

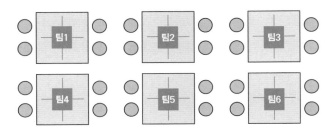

화하기 위해서는 반드시 여러 수준의 능력(ability heterogeneity)을
가진 학생들로 한 팀을 구성해야 한다고 말합니다.[*] 이는 다양한 수
준의 학생들이 팀 안에서 문제 해결을 위해 서로 가르쳐주고 배우는
관계가 자연스럽게 형성되어 학습 효율을 높여 주기 때문입니다.

이를 위해 여러 수준의 능력을 가진 학생을 4명씩 모아 한 팀으
로 구성합니다. 예를 들어 상위 수준 1명, 중위 수준 2명, 하위 수준
1명으로 한 팀을 만들 수 있습니다. 또한 모든 팀의 수준을 비슷하
게 맞춰 어느 특정한 팀이 두드러지지 않도록 수준을 조절합니다.

이제 선생님은 각 팀이 능동적으로 참여할 수 있는 다양한 도전
들을 제시할 차례입니다. 질문, 발표부터 액티브 러닝 활동까지 학

---

[*]   Barbara Oakley et al. (2004). Turning Student Groups into Effective Teams. Journal of Student
      Centered Learning. Oakland University.

생들이 수업에 참여할 수 있는 모든 순간들이 도전이 됩니다. 학생들은 도전이 제시될 때마다 팀 안에서 도와가며 함께 해결하지요. 이를 통해 학생들은 계속해서 자신의 능력을 증명해 내고 동시에 배움이 자연스럽게 이루어집니다.

핵심 포인트 💡

- 여러 수준의 능력을 가진 학생 4명을 모아 한 팀으로 구성합니다.
- 모든 팀의 능력 수준을 비슷하게 맞춰 어느 특정한 팀이 두드러지지 않도록 합니다.

전략 2

OX 카드로 실시간 피드백을 제공하여 즉각적으로 배움과 연결시켜라

학습에 있어서 가장 효율적인 피드백은 무엇일까요? 학생의 활동에 대해 즉각적으로 평가해 주는 "실시간 피드백"입니다. 학생들이 실수를 한 바로 그 순간에 피드백을 받음으로써 즉각적으로 자신의 실수를 깨닫고 그것을 수정, 개선할 기회를 얻기 때문입니다. 당연히 수업 중 실시간 피드백을 받는 횟수가 증가할수록 학생들의 학습 효율성은 높아질 수밖에 없습니다.

그럼 바쁜 수업 시간에 실시간 피드백을 어떻게 한 번도 아니고 여러 번 줄 수 있을까요? 동시에 학습적으로 유의미한 피드백을 어떻게 줄 수 있을까요? 그 핵심은 명확하고 단순한 피드백, 그리고 적극적인 개선을 유도하는 피드백입니다. 이것은 "OX 카드 피드백"을 통해 실현됩니다. 선생님이 교실로 들어오는 순간부터 나가는 그 순간까지 학생들이 하는 모든 활동을 바로바로 평가하여 해당 팀에게 "O" 혹은 "X"가 적힌 카드로 피드백을 주는 것입니다

예를 들어 선생님이 수업 도중에 반 전체에 질문 하나를 던졌습니다. 팀별로 질문에 관해 짧게 생각을 나눕니다. 이후 무작위로 팀 1의 학생인 현서가 선정되었습니다. 현서는 팀별 토의를 바탕으로 선생님의 질문에 대답하고 간단한 설명을 덧붙입니다. 만약 현서의 답변과 설명이 타당하면 팀 1에 O 카드를 붙여줍니다. 만약 팀 1에 X 카드가 있다면 X를 한 개 떼어줍니다. 반대로 현서의 답변이나 설명이 타당하지 않거나 논리가 부족하면 X 카드를 줍니다. 만약 팀 1에 O 카드가 있다면 그중 한 개를 뗄 수도 있습니다.

이렇게 X 카드를 주는 상황이 "OX 카드 피드백" 전략에서 가장 중요한 순간입니다. 실은 그 X 카드는 발표한 학생에게만 주는 피드백이 아니기 때문이지요. X 카드를 주면서 선생님은 모든 학생들에게 해당 질문에 대해 다시 생각해 볼 시간을 줍니다. 즉 그 피드백은 현서에게만 주는 피드백이 아니라 반 전체에게 주는 피드백인 셈입니다. 바로 이 시간에 모든 학생들은 무엇이 부족한지를 스스로 점검하고 개선합니다. 유의미한 학습이 이루어지는 시간인 것입니다. 그리고 일정한 시간이 지난 후에 선생님은 새로운 학생을 무

작위로 선정하거나 X 카드를 받은 팀에게 다시 기회를 줍니다.

"OX 카드"로 학생들의 숙제, 수업 참여, 팀 협력, 배려 등 배움의 과정에도 즉각적인 피드백을 줄 수 있습니다. 물론 학생들을 통제하는 데 목적을 두어서는 안 됩니다. 오히려 학생들의 긍정적인 태도에 칭찬 이상의 확실한 긍정 시그널을 주어 수업 분위기를 향상시키는 데 목적을 두어야 합니다. 예를 들어 팀 3과 팀 5가 유독 서로를 잘 도와주거나 활발한 의사소통을 하고 있다면 선생님은 칭찬과 함께 이 두 팀에게 O 카드를 줍니다. 이는 전체 학생들에게 긍정적인 자극이 되어 다른 팀들도 더 높은 팀워크를 보이며 수업에 참여하게 만듭니다.

핵심 포인트 💡

- 학생들이 참여하는 모든 활동을 실시간으로 평가합니다.
- 긍정적 활동에는 O 카드, 개선이 필요한 활동에는 X 카드로 해당 팀에게 피드백을 줍니다.
- 팀의 협동 과정에도 OX 카드로 피드백을 주어 생각을 나누는 과정의 중요성을 강조합니다.

수업 현황판으로 학생들의
두뇌와 시각을 점령하라

●

수업 현황판이 보이는 순간 이제 수업은 학생들에게 보드게임이 됩니다. 매 활동이 끝나면 학생들의 활동이 바로 평가되어 수업 현황판에 OX 카드가 붙습니다. 팀이 잘할 때마다 O 카드가 쌓이고, 반대의 경우에는 팀에 O 카드가 사라지거나 심지어 X 카드가 쌓이기도 합니다. 학생들은 자신의 대답, 배려, 소통, 협력이 바로 팀에 영향을 미치는 것을 현황판을 통해 시각적으로 분명하게 확인할 수 있습니다. 이렇게 시시각각 변화하는 팀의 점수를 바로 보여주면 수업이 진행되는 내내 학생들은 마치 보드게임을 하고 있는 듯한 느낌을 받게 됩니다. 리드를 하고 있는 팀들은 자리를 유지하고자 노력하고, 그렇지 못한 팀들은 앞으로 나아가고자 하는 의지가 계속해서 자극받는 것이지요.

이제 선생님은 수업 현황판을 자주 점검하여 어느 한 팀이 독보적으로 앞서가거나 반대로 어느 한 팀이 뒤처지는 상황이 발생하지 않도록 조절하는 역할을 해주면 됩니다. 수업 현황판의 목표는 학생들의 동기 부여입니다. 자칫 잘못해서 학습 동기를 꺾는 요소가 되게 해서는 안 되겠지요. 이를 위해 선생님의 OX 카드 운영의 묘가 필요합니다. 예를 들어 팀 6이 오늘따라 X 카드를 많이 받았다

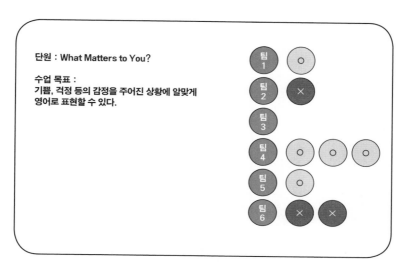

면, 혹은 아쉽게 O 카드를 받지 못한 상황이 여러 번 발생했다면 선생님은 이 점을 염두에 두고 있다가 칭찬해 줄 적절한 상황(예를 들어 끝까지 포기하지 않는 자세, 협력하는 태도, 배려하는 자세 등)이 생기면 구체적 칭찬과 함께 O 카드를 주어 팀 6의 분위기를 전환시켜 줄 수도 있습니다. 혹은 패자부활전처럼 하위 몇 팀을 선정해 발표 기회를 주어 부진을 만회할 기회를 제공할 수도 있습니다. 그리고 액티브 러닝 활동에 주는 O 카드의 개수를 1개부터 3개(혹은 5개)까지 다양하게 조절할 수도 있습니다. 이렇게 하면 수업이 끝날 때까지 우승팀과 분발팀의 예측이 힘들어집니다. 즉 어느 팀도 일찍 자만하게 되거나 포기하지 않게 하는 선생님만의 수업 운영의 기술이 생기는 것이지요.

- 팀 이름이 적힌 카드와 OX 카드로 칠판 오른쪽에 수업 현황판을 구성합니다.
- 각 수업 활동의 결과를 수업 현황판에 OX 카드로 즉각적으로 반영합니다.
- OX 카드 운영의 묘를 발휘하여 각 팀별로 격차가 크게 나지 않도록 유의합니다.

전략 4

실수를 통해 생각할 기회를
공식적으로, 그리고 의도적으로 주어라

인생은 실수의 연속입니다. 우리는 평생 실수를 통해서 부족한 부분을 깨닫고 또 이를 통해 배우며 한층 성장합니다. 따라서 배우는 것이 주된 과업인 학교에서 학생들이 실수하고 실수를 통해 배우는 것은 너무나 당연한 일입니다. 학생들에게 새로운 지식을 배우는 과정에서 나타나는 실수는 당연한 것이라고 말해 주세요. 실수가 용인될 때 학생들은 스스로 지식적, 심리적 안전지대 밖으로 나옵니다. 그럼 실수에 허용적인 수업 환경을 어떻게 만들 수 있을까요?

"실수의 의미"는 어떤 과목을 막론하고 첫 수업의 훌륭한 주제가 될 수 있습니다. "왜 실수를 하면 안 된다고 생각하게 되었는지, 실수를 통해 얻을 수 있는 것은 무엇인지" 등의 질문을 통해 학생들이 실수에 대해 가지고 있는 잘못된 인식을 깨는 시간을 갖습니다. 실수가 다양한 생각이나 다른 시각에서 비롯된 또 다른 의견일 수 있다는 점, 또한 실수는 잠깐 멈추고 생각할 시간을 주는 훌륭한 학습 기회라는 점을 강조합니다. 선생님의 실수, 유명인들의 실수 등을 공유하며 누구나 실수를 하고 그것을 통해 발전한다는 점을 첫 시간부터 충분히 알려주어도 좋습니다. 그럼 학생들은 실수에 너그러워지게 됩니다.

다음으로 할 수 있는 일은 "실수하기"와 "실수를 개선하기"가 목적인 액티브 러닝 활동을 수업 중에 의도적으로 자주 활용하는 것입니다. 실수를 편하게 받아들이게 하는 대표적인 활동으로는 〈04. 컨셉 테스트〉가 있습니다. 학생들의 진지한 고민을 유도하고 실수에 대한 수정의 기회를 공식적으로 주는 활동입니다. 또한 〈11. 가위-바위-보〉, 〈12. 엄지 전략〉 같은 활동은 자신의 의견이 외적으로 분명하게 드러나지 않기 때문에 학생들이 자신의 생각을 실험해보고 틀릴 기회를 부담 없이 가질 수 있는 좋은 기회가 됩니다. 예시로 든 세 가지 활동은 실수 파악과 수정 과정이 학생 개인의 내면에서 일어납니다. 하지만 학생들의 실수가 외부로 드러나게 된 경우에는 어떻게 해야 할까요?

수업 중 발표를 할 때나 액티브 러닝 활동 중에 어느 팀이든 X 카드 피드백을 받는 상황이 생길 수 있습니다. 실은 학생들이 이 외부

적인 실수에 덤덤할 수 있어야 실수에 대한 두려움과 부끄러움을
실제로 극복했다고 말할 수 있겠지요. 이를 위해서는 O 카드 피드
백을 받을 수 있는 수정 기회를 즉각적으로 주어서 X 카드 자체에
대한 심리적 부담감을 줄여주는 것이 좋습니다. 또한 X 카드 피드
백으로 우리 반 모두가 생각할 기회를 갖는다는 점을 강조해서 실
수에 대한 긍정 분위기를 만들어주는 것도 잊지 말아야 합니다.

핵심 포인트 💡

- 수업 중 실수는 "생각이 크는 시간"이라는 점을 강조해서 "실수해
  도 괜찮다"는 수업 분위기를 만들어줍니다.
- 〈04. 컨셉 테스트〉, 〈11. 가위-바위-보〉, 〈12. 엄지 전략〉과 같이
  실수에 대한 부담 없이 자신의 생각을 표현할 수 있는 활동을 자주
  활용합니다.
- X 카드 피드백을 받은 팀에게 우선 수정할 수 있는 기회를 줄 수
  있습니다.

전략 5

성공 경험과 우승팀 선정으로
학생들의 감정 스위치를 켜라

사실 감정은 학습에 큰 영향을 미치는 요인입니다. 기억력을 관

장하는 편도체는 감정을 조절하는 편도체와 같습니다.[*] 우리가 지루하거나 평범한 일들보다 감정을 불러일으키는 일들을 더 잘 기억하는 것도 이 때문이지요. 감정을 느끼는 순간 편도체가 기억력에 관여하는 뇌 영역을 활성화합니다. 그래서 감정이 일면 학생들은 학습 내용을 더 강력하고 생생하게 기억합니다.[**] 저명한 신경과학자 조셉 르두(Joseph LeDoux)는 감정이 집중력, 통찰력, 의사 결정력에도 영향을 미친다고 말합니다.[***] 따라서 수업 중 학생들의 학습 능력을 높이기 위해서 선생님은 이 파워풀한 "감정의 힘"을 절대로 간과해서는 안 됩니다. 그렇다면 어떻게 해야 수업 도중에 학생들의 감정 스위치를 켤 수 있을까요?

우선 수업 중 성공을 경험할 수 있는 기회를 가능한 한 많이 제시합니다. 학습 내용에 대한 질문, 의견을 발표하는 활동 모두가 학생들 앞에 펼쳐진 작은 성공 기회들입니다. 액티브 러닝 활동들도 마찬가지지요. 학생들은 이 기회들을 통해 자신 혹은 팀의 능력과 노력, 협동을 보여주고 성공의 결과로 팀에 점수가 쌓이는 것을 보게 됩니다. 팀원들이 함께 느끼는 행복감, 성취감 같은 긍정적인 감정은 두뇌에 있는 노르에피네프린(Norepinephrine)과 도파민(Dopamine) 같은 목표 성취 욕구와 관련된 신경 전달 물질을 자극

---

[*]   Floyd Bloom, et al. (2003). The dana guide for brain health. J Neurol Neurosurg Psychiatry.

[**]   Marilee Sprenger. (2018). How to teach so students remember. Alexandria, VA : ASCD.

[***] Joseph Ledoux. (2002). The emotional brain, fear, and the amygdala. New Yok university.

해서 학생들이 계속해서 목표를 향해 나아가도록 합니다.[*]

　우승팀을 선정하는 것도 감정 스위치를 확실하게 켜주는 장치입니다. 이로 인해 학생들의 두뇌가 활성화되고 높은 수준의 집중력이 수업 시간 내내 유지됩니다. "오늘의 우승"이라는 팀 미션을 이루고 난 다음 학생들이 느끼는 성공의 기쁨과 뿌듯함은 상상 이상입니다. 내적 보상이라는 긍정적 감정을 경험하는 것이지요. 만약 여기에 "수업 쿠폰, 1시간 자리 선택권, 숙제 프리 패스권"과 같은 작지만 확실한 외적 보상을 하나 더 얹으면 긍정적 감정을 통한 수업 효과는 더욱 증폭됩니다.

　외적 보상에 대해 부정적인 견해를 가진 선생님들도 계시겠지요? 그러나 20년에 걸친 교실 협동 수업 연구에 관한 책을 발표한 존스 홉킨스 대학의 교육 연구소 원장인 로버트 슬래빈(Robert Slavin)은 외적 보상에 대한 연구 결과를 이렇게 전합니다.

　"초등학교에서는 물론 중,고등학교에서도 그룹 역량에 따른 그룹 외적 보상이 주어질 때 학생들이 최고의 학업 성취를 보인다는 결론이 꾸준히 나오고 있습니다. 따라서 교사들은 완전 학습을 위해서는 학생들의 내적 보상뿐만이 아니라 그룹 외적 보상을 반드시 활용해야 합니다."[**]

---

[*]　Burns, M. (2012). Dopamine and learning: What the brain's reward center can teach educators. Scientific learning.

[**]　Robert Slavin (1995). Cooperative Learning Theory, Research and Practice. Boston : Allyn and Bacon.

- 작은 성공 경험을 거둘 수 있는 기회를 가능한 한 많이 제시합니다.
- 개인 활동과 팀 활동에서 나온 모든 점수를 합산하여 수업이 끝날 때 우승팀을 선정합니다.

전략 6

새로운 판을 제시해서
우승을 독식하지 않도록 하라

●

우승팀 전략과 작은 성공 경험 전략은 학생들을 움직이는 큰 요인입니다. 하지만 수업이 "우승"이라는 외적 동기나 보상에 너무 의존하게 되어 학생들 간에 과열된 경쟁심을 유발하는 것은 아닐까 걱정이 될 수도 있습니다. 따라서 학년 초에 학생들에게 우승팀이 되는 것이 팀 수업의 목표가 아니라는 것을 분명하게 알려줄 필요가 있습니다. 학습 효율성이 향상될 뿐만 아니라 협업 능력, 커뮤니케이션 능력, 문제 해결력 등 팀 수업으로 인해 학생들이 얻을 수 있는 중요한 사회적 기술에 대해 충분히 설명해 주면 우승팀이 되지 못하더라도 학생들은 충분히 즐겁게 학습할 수 있습니다.

동시에 한 팀이 우승을 독식하지 않도록 하는 전략이 필요합니다. 모든 팀들 사이에 힘의 균형이 잘 잡혀 있어야 액티브 러닝 수업이 동력을 받을 수 있기 때문이지요. 만약 한 팀이 우승을 독식하거나 반대로 한 팀이 계속해서 분발팀이 된다면 액티브해야 할 수업 시간이 어떤 팀에게는 지루한 시간, 또 다른 팀에게는 낙담의 시간이 될 수 있습니다.

이런 상황이 발생하지 않도록 우선 애초에 모든 팀이 균형을 잘 이루도록 팀을 구성하는 것이 중요합니다. 팀 구성 이후에는 수업 도중에 팀 간의 능력의 우위를 잘 관찰하여 너무 유리하거나 너무 불리한 팀이 없는지 확인합니다. 그리고 학생들에게도 세 번 이상 우승팀이나 분발팀이 되면 그 팀이 새롭게 구성된다는 것을 미리 알려줍니다. 이는 학생들에게 심리적 안전장치로 작동하여 학생들이 팀의 결과보다는 팀의 활동 과정에 더 집중할 수 있도록 도와줍니다. 또한 한 학기에 두 번 정도 팀을 다시 조직하여 학생들이 완전히 새로운 팀에서 새로운 구성원과 공부할 수 있도록 배려합니다. 이런 팀 구성원들 사이의 관계 변화와 팀 간의 역량의 변화가 학생들에게는 의미 있는 동기 부여가 됩니다.

핵심 포인트 ⏺

- 세 번 이상 우승팀이나 분발팀이 되면 팀 구성원을 교체합니다.
- 한 학기에 두 번, 모든 팀을 새롭게 조직하여 팀 역량에 변화를 줍니다.

자리 번호는 내 운명,
모든 학생의 개인 책임감을 높여라

●

팀 수업의 백미는 협동입니다. 혼자서 공부하는 것보다 서로 돕고 함께 배울 때 학습 시너지가 생겨나지요. 그런데 바로 그 "협동" 때문에 팀 수업이 딜레마에 빠지기도 합니다. 팀원들이 팀 뒤에 숨어서 존재감을 감추거나 몇몇 팀원에게만 지나치게 의지하는 경우, 혹은 팀원들 사이에 생각을 나누지 않고 결과만 공유하는 경우가 생기기 때문입니다.

팀도 중요하지만 팀원 한 명 한 명이 팀 내에서 모두 살아 움직여야 액티브 러닝 수업이 됩니다. 결과를 도출하는 과정과 핵심 내용을 이해하는 능력은 팀원들 모두가 키워야 할 중요한 능력입니다. 그럼 어떻게 팀의 모든 학생들에게 생생한 존재감을 부여해서 모두에게 그 능력을 키워줄 수 있을까요? 해답은 바로 "자리 번호 (Numbered Head)"입니다.* 자리 번호로 인해 개개인이 팀 안에서의 존재감을 얻고 그로 인해 학생들의 개별 책임감이 자라납니다.

우선 다음의 그림처럼 모든 팀의 같은 자리마다 "자리 번호"를 부여합니다. 각 팀에서 학생을 선정할 때, 혹은 팀 별로 한 명씩 일

---

* Kagan, S. & Kagan, M. Kagan (2009). Cooperative Learning. San Clemente, CA; Kagan Publishing.

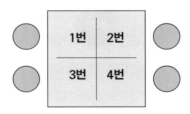

어나 서로 경쟁하는 활동을 할 때 선생님은 자리 번호를 적극 활용
합니다. 우리 팀의 4명 중 한 명이 언제든 우리 팀을 대표해야 하
는 순간이 올 수 있습니다. 이런 책임감과 적절한 긴장감이 학생들
을 수업에 매우 집중하게 만듭니다. 예를 들어 선생님이 문제 하나
를 제시하고 모든 팀에게 대답을 준비할 시간을 3분간 주었다고 가
정해 봅시다. 이 3분 동안 팀이 함께 학습하지만 대표로 나서는 일
은 4명 중 누군가 홀로 합니다. 내가 대표로 우리 팀의 학습의 과정
을 증명해 내야 하는 상황이 충분히 생길 수 있기 때문에 학생들에
게 개인 책임감이 저절로 생겨납니다.

　각 팀의 같은 자리 번호 학생들을 모두 능력이 비슷한 학생들로
구성해 볼 수도 있습니다. 예를 들어 각 팀의 1번 자리를 엇비슷한
능력을 가진 학생들로 배치하는 것입니다. 각 팀의 2번 자리도 마찬
가지로 비등한 능력을 가지고 있는 학생들로 배치합니다. 이런 구
성은 비슷한 능력의 학생들끼리 모여 액티브 러닝 활동을 하는 것
이 효율적인 경우에 활용됩니다. 예를 들어 〈91. 스피디 서클〉 활동
을 할 때는 팀 1부터 팀 4까지 각 팀의 1번들이 모여 한 팀을 이룹
니다. 마찬가지로 각 팀의 2번, 3번, 4번들이 모여 각각 한 팀이 되

어 활동을 합니다. 각 번호의 학생들은 각 팀의 대표 선수로 다른 팀의 선수들과 겨루기 때문에 개인 책임감이 살아납니다. 그리고 활동 후에는 개인의 활동 결과를 가지고 원래 팀으로 돌아가 팀의 점수에 반영하기 때문에 개인 성취감도 생겨납니다.

자리 번호로 반대 상황을 연출할 수도 있습니다. 평소에는 팀원 4명이 함께 협력하지만 가끔은 자신의 운명을 스스로 책임져야 하는 상황을 던져주는 것입니다. 팀 내 활동이 그렇습니다. 예를 들어 미니 강의 후 종이 한 장을 각 팀에 나누어 줍니다. 그리고 팀의 자리 번호마다 펜 색상을 다르게 지정해 줍니다. 각 학생은 방금 배운 강의 내용으로 연상되는 단어들을 가능한 한 많이 떠올립니다. 이제 팀 안에서 한 명씩 순서대로 돌아가며 지정된 색상의 펜으로 종이 위에 단어를 적습니다. 이때 종이 위에 연상 단어를 가장 오래 적는 팀원이 우승하게 됩니다. 한 팀으로 함께 복습하며 지식을 공유하고 학습의 과정을 함께 구성하지만 동시에 개인이 독립적으로 활동하기도 해야 하므로 팀 내에서 학습과 관련된 개인 책임감이 높아질 수밖에 없습니다.

핵심 포인트 💡

- 모든 팀의 같은 자리에 같은 번호를 부여합니다.
- 각 팀에서 한 명씩 대표 학생을 선정해야 할 때 자리 번호를 활용합니다.

심장이 쫄깃! "운명의 컵" 전략

수업이 시작되었습니다. 선생님은 "운명의 컵"부터 교탁 위에 올려놓습니다. 운명의 컵 안에는 각 개인 학생의 별명이 적혀 있는 나무젓가락들이 들어 있습니다. 즉 학생 자신의 아바타인 것이지요. 학생을 선정해야 하는 순간이 오면 운명의 컵을 흔들어 교실에 음향 효과를 만들어줍니다. 그 순간 교실에 적당한 긴장감이 흐릅니다. 선생님, 혹은 학생들이 젓가락을 고릅니다. 이때 선생님이 교실의 맨 뒤로 성큼성큼 걸어가서 맨 뒤에 앉아있는 학생에게 젓가락을 뽑으라고 해도 좋고, 집중력이 유독 떨어져 보이는 학생에게 다가가 뽑으라고 해도 좋습니다. 젓가락을 뽑는 학생, 자신의 젓가락이 뽑혀서 선정된 학생은 물론 그 학생의 팀과 이를 지켜보는 한 반 전체가 빠르게 집중합니다. 이로 인해 처져 있던 수업의 분위기는 한 번에 올라갑니다.

운명의 컵은 한 치 앞을 예측할 수 없는 운의 요소를 교실로 가져옵니다. 즉 누구든, 언제든 선정될 수 있는 환경이 조성되는 것입니다. 어떤 학생은 스스로를 뽑기도 하고, 어떤 학생은 한 시간에 여러 번 뽑히기도 합니다. 이 예측 불가능성이 단번에 고도의 집중력을 불러일으킵니다. 동시에 개별 책임감도 높여줍니다. 만약 내가 운명의 컵에 의해 선정되었을 때 스스로 주어진 과제를 해결하지 못한

다면 우리 팀에 난감한 상황이 연출될 수 있습니다. 즉 운명의 컵이 팀별 과제를 개별 과제로 만들어줍니다.

저는 수업 첫 시간에 학생들에게 나무젓가락을 나눠 주고 길이는 상관없으니 아주 재미있는 별명을 쓰라고 주문합니다. 젓가락 별명 소개 시간에 한 반 전체가 빵 터지는 웃음을 선사한 별명을 만든 학생의 팀에게 O 카드를 줍니다. 이런 재치 있는 별명은 한 학기 동안 뽑힐 때마다 친구들에게 큰 즐거움을 줍니다. 그리고 학생들끼리 비슷한 별명을 만들면 젓가락을 부를 때마다 수업에 또 다른 짜릿한 긴장감을 줄 수도 있습니다. 학기별로 새로운 젓가락에 새로운 별명을 적을 기회를 줍니다.

자리 번호 전략에 운명의 컵을 활용할 수도 있습니다. 젓가락 4개에 각각 1번부터 4번까지 번호를 적습니다. 그리고 각 팀의 대표 학생이 필요한 순간이 오면 운명의 컵에 있는 별명 젓가락은 빼고 자리 번호 젓가락 4개를 넣습니다. 그리고 한 개를 뽑아 번호를 말하면 각 팀에서 해당 번호의 학생이 일어나서 팀을 대표합니다.

핵심 포인트 💡

- 학생들의 별명이 적힌 나무젓가락을 모아 컵에 담아 보관합니다.
- 학생을 선정할 때 선생님 혹은 학생들이 운명의 컵에서 젓가락을 뽑아 적혀 있는 별명을 부르면 해당 학생이 일어나 수업 활동을 합니다.

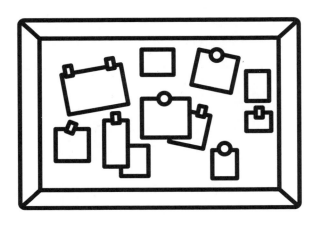

Part 1

수업 집중력을
높이는 활동

활동 정보 표기 기호

⊛ 신체 활동성 ☺ 난이도 🚩 수업 중 활동 시기 ⊗ 소요 시간
🗏 과정 평가 사용 가능 여부 ⊛ 참여 인원 🎒 준비물 ☺ 활동 목표

01

거꾸로 미션

⊛ 하　⊜ 하　⊡ 시작, 중간, 마무리　◎ 5~10분　▣ ○
⊗ 개인별 혹은 팀별로 4명씩　⊜ 학습 내용에 따른 미션
⊜ 학생 자기 평가, 수업 집중력 향상, 즉각적인 피드백, 미니 강의 마무리

학생들이 강의에 집중하지 못할 때가 있습니다. 특히 강의 내용 자체가 단순한 사건의 나열이거나 학생들의 삶과 밀접하게 연관되지 않는 경우, 원인과 결과를 분명하게 제시할 수 없는 학습 내용일 경우 학생들은 인지적으로 쉽게 지치고 금방 지루함을 느껴 집중력이 급격하게 떨어집니다. 이때 학생들이 수업에 적극적으로 참여해야 하는 상황을 의도적으로 제시하여 지루함을 느끼지 않도록 만드는 것이 이 활동의 목적입니다.

강의 후에 자신이 무엇을 해결해야 할지 구체적인 미션을 미리 받으면 수업 도중 학생들의 두뇌는 자연스럽게 액티브해집니다. 또한 강의 후 '미션 해결'이라는 구체적인 단기 목표가 주어졌기 때문에 집중력도 높아집니다.

활동 방법 🏃

1 미니 강의를 시작하기 전에 학생들이 해결해야 할 미션을 제시합니다. (미션의 예 : 강의 중 선생님이 의도적으로 만든 실수 하나 찾기, 핵심 내용에 대해 60초 발언하기, 이전 학습 내용과의 연결점 찾아 설명하기, 핵심 개념을 나의 말로 다시 설명하기, 학습 내용과 연관된 일상의 예를 찾기, 강의 중간에 선생님이 수업을 멈추면 그때까지의 내용과 자신의 생각을 정리해서 노트에 쓰기 등)

2 강의가 끝나면 생각할 시간 없이 곧바로 미션을 수행해야 한다는 것을 알려줍니다.

3 강의 후 곧바로 운명의 컵으로 몇 명의 학생을 선택하여 미션을 수행하게 합니다.

⁺Plus Tips

거꾸로 질문 학생들에게 학습 내용에 관한 한 세트의 질문을 먼저 알려주고, 제시된 질문의 답이 수업 중에 나온다는 것을 미리 알려줍니다. 강의 후 질문을 다시 제시하면 학생들은 개별적으로 해결합니다. 문제 해결 결과에 따라 팀별 혹은 개인별로 보상합니다.

02
스무고개 질문 교수법

⊛ 하 ⊜ 중 ⊡ 중간 ⊠ 15분 ⊞ ×
⊛ 개인별 그리고 팀별로 4명씩 ⊜ 학습 내용에 관련된 질문 20개, 운명의 컵
⊜ 수업 집중력 향상, 학생 주도 수업, 즉각적인 피드백, 학생 자기 평가

학생들이 유독 수업에 집중하지 못하는 날에는 질문으로 설명을 대신할 수 있습니다. 핵심적인 학습 내용을 미리 선정한 뒤 중요한 학습 내용을 강의로 전달하는 대신 20개의 질문으로 만들어 거꾸로 학생들에게 물어봅니다.

학생들은 질문에 대답하기 위해 핵심 내용을 스스로 학습해야 합니다. 선생님의 질문에 대답하기 위해서 읽고, 생각하고, 팀별로 그 생각을 나눠야 하기 때문에 지루할 틈이 없습니다. 또한 '스무고개 넘기'라는 공동의 목표가 생겼으니 모든 학생들이 한마음이 되어 더 큰 집중력과 열정, 흥미를 가지고 배움에 몰입하게 됩니다.

활동 방법 🏃

1 교과서나 학습 자료 등을 학생들에게 제시합니다. 이때 설명은 하지 않습니다.

2 학생들은 5분 동안 교과서나 보충 학습 자료를 읽으며 스스로 학습합니다.

3 핵심 학습 내용을 학생들이 정확하게 파악하고 있는지 확인해 줄 '스무고개' 질문을 제시합니다. 이때 생각 유도 질문과 이해 명료화 질문을 적절히 섞어서 제시합니다. (질문의 예 : 시장 가격을 결정짓는 요소는 무엇일까요? 가능한 한 많은 요소를 생각해 보세요. / 이 수학 문제는 우리가 지금까지 사용했던 방법으로 풀 수 없습니다. 어떤 새로운 방법을 사용해야 할까요? 혹은 예전 방법을 어떻게 변형해서 사용할 수 있을까요? / 물리 변화와 화학 변화의 차이점을 들어 비교해서 설명해 볼까요?)

4 제시된 질문을 학생들이 스스로 풀어볼 수 있도록 시간을 짧게 줍니다.

5 일정 시간이 지나면 팀별로 질문에 대한 의견을 나눕니다.

6 팀별 생각 나누기 시간 후 운명의 컵으로 한 학생을 선정하여 첫 번째 질문을 합니다. 선정된 학생이 질문을 잘 해결하면 한 반이 함께 고개를 넘는 방식입니다.

7 최초 10고개를 넘어가는 학생이나 팀에게 보상해 주거나, 혹은 15고개를 넘기면 반 전체에게 작은 보상, 20고개를 다 넘으면 조금 더 큰 보상을 해주는 방식으로 진행할 수 있습니다.

03
우리끼리 강의하기

⊛ 하 ⊜ 중 ⊞ 중간 ⊘ 15분 ▣ ×
⊗ 짝별로 2명씩 혹은 팀별로 4명씩 ⊜ 학습 내용에 따른 미션
⊜ 수업 집중력 향상, 이해의 명료화, 학생 주도 수업

미국의 교육학자 에이미 브뤌디(Amy Brualdi)에 따르면 학습한 내용을 스스로 설명할 기회를 갖거나 또래가 해주는 설명을 들을 때 학생들은 이해를 더 잘한다고 합니다. 그녀가 언급한 학습법을 교실에서 실현하는 방법이 바로 〈우리끼리 강의하기〉입니다.

학생들이 선생님이 되어 서로 가르치는 이 활동을 통해 학생들은 직접 강의를 준비하며 학습 내용을 한 번 이해하고, 팀원들을 가르치며 두 번 이해할 수 있습니다. 그리고 선생님의 '초미니 강의'로 세 번째 이해하며 학습 내용에 대한 이해를 보충하거나 수정할 수 있지요.

이 활동을 통해 학생은 그야말로 수업의 주인이 될 수 있습니다. 수업이라는 드라마에 등장하는 모든 역할을 맡아야 하므로 액티브하게 수업에 참여하게 됩니다. 또한 선생님의 도움 없이 내가 먼저 이

해해서 팀원을 가르쳐야 한다는 책임감이 학생의 학습 자율성을 자라게 합니다. 활동 후 바로 학생들이 함께 해결해야 할 미션을 미리 제시한다면 과제 흥미도와 집중력도 키워줄 수 있습니다. 선생님은 수업의 조연이 되어 부족한 학생 강의자들을 돕는 조력자 역할을 해주면 됩니다.

활동 방법 🏃

1 학생들을 짝 혹은 팀으로 나눕니다.
2 활동 후 퀴즈 풀기, 문장 요약하기 등의 미션이 있음을 알려줍니다.
3 한 번의 미니 강의에서 다루어야 할 학습 내용을 두 부분 혹은 네 부분으로 분할하여 짝 혹은 팀원들에게 각각 배분합니다.
4 모든 학생은 제한 시간 동안 자신이 맡은 학습 내용을 교과서 및 보충 학습 자료를 활용하여 스스로 학습합니다.
5 학습 도중 이해하기 어려운 부분이 생기는 경우 선생님에게 도움을 요청합니다.
6 제한 시간이 끝나면 학생들은 정해진 순서대로 자신이 맡은 학습 내용을 짝 혹은 팀원들에게 가르쳐줍니다.
7 강의를 듣는 다른 팀원들은 이해되지 않는 내용을 질문하거나 분명하지 않은 부분을 함께 상의합니다. 상의 후에도 해결되지 않으면 선생님의 도움을 받습니다.

8 활동이 끝난 후 앞서 언급한 미션을 수행합니다. 미션 후에는 짝 보상, 팀 보상을 할 수 있습니다.

9 학습 내용 마무리를 위해 선생님이 '초미니 강의'로 짧게 정리해서 보충 설명합니다.

04

컨셉 테스트

⊛ 하　⊜ 중　⊕ 중간, 마무리　⊠ 10분　⊟ ×
⊛ 개인별 그리고 팀별로 4명씩　⊜ 컨셉 테스트 문제 3~4개
⊛ 수업 집중력 향상, 이해의 명료화, 학생 자기 평가, 액티브한 강의식 수업

〈컨셉 테스트〉는 하버드 대학교 물리학 교수인 애릭 마주르(Eric Mazur)에 의해서 시작되었습니다. 중요한 개념에 대해 너무 쉽지도, 너무 어렵지도 않은 질문으로 생각을 유도하는 선다형 질문을 말하지요.

컨셉 테스트는 분명한 한 개의 정답과 충분히 매력 있어 보이는 3~4개의 오답 선택지로 구성됩니다. 이 구성은 학생들이 방금 배운 학습 내용에 관해 깊게 생각하도록 유도해서 개념을 정확하게 파악하도록 도와주며, 자연스럽게 그 문제와 관련된 대화를 나눌 수 있도록 만들어줍니다. 또한 팀원들과 상의 후 문제를 다시 풀어보는 기회가 주어지기 때문에 컨셉 테스트는 실수에 대한 허용적인 수업 분위기를 형성해 줍니다. 학생들은 이를 통해 "실수를 하지 않는 것보다 실수를 통해 배우는 것이 더 중요하다"는 점을 깨닫게 됩니다.

이렇게 수업 중간중간에 컨셉 테스트를 제시하면 강의식 수업을 간단하게 액티브 러닝 수업으로 만들 수 있습니다. 문제를 풀고 다른 학생들과 논의하고, 정답을 점검하는 과정에서 학생들은 자연스럽게 두뇌와 감정을 모두 액티브하게 만들고 학습 내용에 몰입하게 되지요. 따라서 학생들의 수업 참여율과 배움의 정도는 강의식 수업과 비교할 수 없을 만큼 높아집니다.

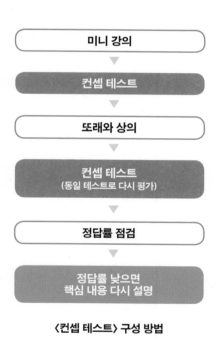

〈컨셉 테스트〉 구성 방법

활동 방법 🏃

1 수업 전에 핵심 내용에 관한 〈컨셉 테스트〉 선다형 문제를 3~4개 만들어둡니다. 문제 난이도는 정답률이 30~70% 정도 될 수 있도록 조절합니다.

2 미니 강의 직후 파워포인트를 활용하여 전체 학생에게 한 문제씩 차례로 출제합니다.

3 각 문제마다 답을 찾을 시간을 20~30초 정도 줍니다.

4 학생들은 자신이 생각하는 정답에 손을 들거나 색상 카드를 들어 표현합니다(〈14. 의견 색상 카드〉 참고). 이때 학생들에게 답을 알려주지는 않습니다.

5 준비된 문제가 끝나면 학생들은 팀별로 모여 문제를 풀 때 헷갈렸던 부분을 확인하고, 이에 대해 서로 의견을 나누면서 상의합니다.

6 상의하는 시간을 가진 후에 다시 동일한 컨셉 테스트를 제시합니다. 학생들은 생각이 바뀌었으면 답을 바꾸어 표현합니다.

7 이때 선생님은 각 문제의 정답을 말해 주고 동시에 문제의 정답률을 체크합니다.

8 정답률이 낮은 문항이 있다면 선생님은 다시 관련 내용을 분명하게 설명합니다.

- **다음 중 우리나라 헌법이 보장하는 기본권의 종류와 각각의 보장된 사례가 잘 짝지어진 것은 무엇인가?**

  A. 장애인의 청구권을 보장하기 위해서 사전 투표소가 1층에 마련되었다.

  B. 고령으로 몸이 불편한 노인은 국가의 도움으로 방문 간호를 정기적으로 받아 자유권을 보장받을 수 있다.

  C. 도로가 건설되면서 우리 집의 일부가 사라졌다. 국가가 우리가 받은 피해를 보상해서 사회권이 보장되었다.

  D. 나비 아파트는 평등권을 보장하기 위해서 새로운 경비원 선정에 앞서 만 65세로 제한하던 나이 기준을 폐지하였다.

05

또래 교수법

⊛ 하　⊜ 중　⊕ 중간, 마무리　⊙ 5분　▣ ×
⊗ 팀별로 4명씩　⊜ 없음
⊜ 이해의 명료화, 액티브한 강의식 수업

〈04. 컨셉 테스트〉와 같이 학생 자기 평가 활동과 결합하여 액티브 러닝 수업을 더 깊이 있게 만들어주는 활동이 있습니다. 또래와 함께 정답을 찾기 위해서 고민하고 의견을 나누는 과정 자체가 학습이 되는 〈또래 교수법〉입니다.

이 활동의 목표는 답 찾기, 혹은 팀 안에서 답을 하나로 일치시키는 것이 아닙니다. 목표는 학생 간의 유의미한 대화 형성입니다. 만약 자신의 답 혹은 생각이 친구와 다를 경우 학생들은 자신의 의견이 맞다는 이유나 근거를 들어 상대방을 설득합니다. 물론 설득이 되기도, 혹은 되지 않기도 하겠지요. 또한 답이 하나로 좁혀지지 않을 수도 있습니다. 하지만 이 과정이 학습이며 이를 통해 '배움'이 일어납니다. '학습자 중심 교육'을 교실 안에서, 그리고 내 눈앞에서 실현할 수 있는 확실한 방법이지요.

활동 방법 🏃

1   미니 강의를 합니다.

2   〈04. 컨셉 테스트〉와 같은 자기 평가 활동을 실시합니다.

3   한 팀씩 모여 평가 문제에 대해 토론하는 시간을 갖습니다.

4   이때 학생들은 각자 자신의 선택이 맞다는 것을 다른 팀원들에게 이유와 근거를 들어 설득합니다.

5   주어진 또래 교수 시간이 끝나면 학생들에게 같은 평가 활동을 다시 실시합니다. 이때 토론을 거쳐 많은 학생들이 정답을 바꾸는 것을 확인할 수 있습니다.

6   각 문제에 관해 학생들을 선정해서 부가적인 설명을 듣고 전체 학생과 생각 나누기를 합니다.

⁺Plus Tips

적극적인 참여를 위해 토론 전에 비해 토론 후 정답률이 향상된 팀이나 각 문제에 대해 설명을 잘한 학생이 속한 팀에게 보상을 해줄 수 있습니다. 이 시스템은 개인 책무성을 높여 토론 시간 동안 모든 팀원들의 적극적인 참여를 보장합니다.

06

기대 예보

⊛ 하　⊡ 중　⏵ 시작　⏱ 강의 전후 각 5분씩　▣ ✕
⊗ 개인별　⊜ 개인별로 활동지 1장
⊚ 강의 집중력 향상, 학생 자기 평가, 즉각적인 피드백

〈기대 예보〉는 학생들이 강의를 듣기 전에 미리 배울 학습 내용에 관해 예상해 보는 활동입니다.

강의 전에 학생들에게 학습 내용과 관련된 알쏭달쏭한 문장 10개를 제시합니다. 배우기 전이므로 당연히 학생들은 옳고 그른 문장을 골라내기 쉽지 않을 것입니다. 다만 각자의 직감과 배경지식으로 10문장 중 옳은 내용일 것 같은 문장을 '예상'해 봅니다. 그리고 나의 예상이 다 맞기를 기대하며 본격적으로 강의를 듣습니다. 수업이 진행되면서 학생들은 머릿속으로 학습 내용에 대한 나의 예상이 맞았는지, 혹은 틀렸는지 점검해 보면서 수업을 듣습니다. 학습하는 동안 학생들의 두뇌를 깨우고, 호기심을 갖고 수업에 집중할 수 있도록 해주는 활동입니다.

중학교 역사 〈기대 예보〉 활동지 예시

활동 방법 🏃

1 수업 전 학습 내용에 관련된 참과 거짓이 적절히 섞인 진술문 10개로 〈기대 예보〉 활동지를 만듭니다.

2 제한 시간 동안 학생들은 활동지를 읽어보고 옳다고 생각되는 문장에 체크한 뒤 제출합니다.

3 해당 주제와 관련된 학습 활동을 합니다.

4 강의가 끝나면 자신의 활동지를 돌려받고, 강의 내용을 바탕으로 자신의 예상이 얼마만큼 적중했는지 스스로 점검합니다.

5 옳지 못한 내용을 담은 진술문을 스스로 수정해 봅니다.

6 각 진술문에 대해 발표를 하며 생각 나누기를 합니다.

07

악어 복불복

⊛ 하　☺ 하　🏳 수시로　⏱ 1분　▣ ✕
👤 개인별　🎴 악어 룰렛
◉ 수업 집중력 향상, 발표자 선정

선생님이 질문을 하면 학생들은 '설마 내 이름이 불리겠어?' 혹은 '설마 나는 걸리지 않겠지….'라고 생각하기 쉽습니다. 그래서 누군가가 나 대신 발표하기를 기다리면서 선생님의 질문에 소극적으로 반응하게 됩니다.

누구나 가지고 있는 이 버릇을 악어가 고쳐줄 수 있습니다. 〈악어 복불복〉 활동은 수업 중 누구든지 선택될 수 있다는 분위기를 만들어줍니다. 혹시라도 자신이 호명될까 두근거리는 마음으로 발표자를 찾는 시간마저도 재미있게 만들어주는 이 활동은 가장 긴장되는 순간 모두에게 웃음을 선사합니다.

활동 방법 🏃

1 학생의 발표가 필요한 순간에 악어 룰렛을 꺼냅니다.

2 발표자를 선정하기 전에 학생들에게 자신의 생각을 정리할 시
   간을 충분히 줍니다.

3 일정 시간이 지나면 선생님이 악어 룰렛을 들고 분단 사이를 다
   니며 한 명씩 학생을 선정하여 이빨을 무작위로 골라 누르게 합
   니다.

4 "딱!" 소리와 함께 악어 입에 손가락을 물린 학생이 발표자가
   됩니다.

08

틀린 내용 찾기

⊛ 하　　▣ 중　　▣ 중간, 마무리　　▣ 10분　　▣ ×
⊛ 팀별로 4명씩　　▣ 팀별로 활동지(A~D형) 1세트
◎ 강의 집중력 향상, 미니 강의 혹은 수업 정리

어렸을 때 자주 했던 '숨은 그림 찾기'와 매우 비슷한 활동입니다. 학생들은 방금 강의에서 배운 학습 내용과는 살짝 다른 내용으로 작성된 활동지를 받습니다. 학생들의 미션은 바로 그 교묘하게 숨겨진 함정들을 찾아 알맞게 고치는 것입니다. 다만 이 활동의 목적이 학생들을 헷갈리게 하는 것이 아니라 학생들이 강의에 더 귀 기울이고 잘 참여하도록 하기 위함이라는 것을 잊어서는 안 됩니다. 따라서 강의에 들어가기 전에 학생들에게 설명이 끝나면 바로 〈틀린 내용 찾기〉 활동을 할 것이라고 미리 공지합니다. 미션이 주어졌기 때문에 학생들은 강의에 더 적극적으로 참여하게 됩니다.

활동지의 구성과 수준은 선생님의 의도와 목적에 따라 달라질 수 있습니다. 세부 내용의 오류에 집중할 수도 있고, 학습 내용의 함축된 의미 전달이나 흐름, 실생활 적용 및 관련 예시 등에서 함정을

만들 수도 있습니다. 그리고 학습 내용을 네 부분으로 나누어 각 팀원에게 서로 다른 학습 내용을 다루는 활동지(A~D형)를 제공합니다. 팀 활동이지만 개별 학생들의 학습 책임감도 중요하기 때문이지요.

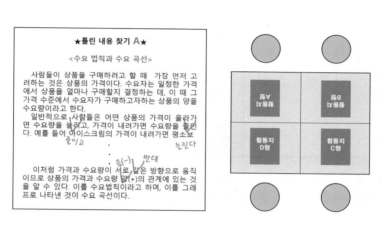

중학교 사회 〈틀린 내용 찾기〉 활동지 및 책상 배치 예시

활동 방법 🏃

1 수업 전에 학습 내용을 A~D 파트로 나누어 기술하거나 요약합니다. 이때 숨은 그림 찾기처럼 중요한 학습 내용을 교묘하게 바꾸어 놓습니다. (예 : 수학 풀이 과정 중 틀린 부분 찾기, 영어 대화문의 흐름 혹은 본문의 틀린 부분 찾기, 과학 실험의 과정에서 틀린 부분 찾기 등)

2 팀원들에게 A~D형의 활동지를 각각 따로 나누어 줍니다.

3 모든 팀원은 서로 상의하지 않고 3분 동안 틀린 내용을 찾아 바로잡습니다.

4 일정 시간이 지난 후 팀의 활동지를 걷어 옆 팀과 바꿉니다.

5 다른 팀의 활동지를 한 학생당 한 장씩 나누어 가집니다.

6 선생님과 학생들이 함께 틀린 내용을 찾고, 각 학생은 자신이 가지고 있는 활동지를 채점합니다.

7 틀린 부분을 가장 많이 찾아 바르게 고친 팀이 우승합니다.

⁺Plus Tips

무작위로 A~D형의 활동지를 배정해야 모든 학생이 긴장감을 가지고 학습한 내용을 빠짐없이 공부할 수 있습니다.

09
신호등 어휘

⊛ 하　☺ 하　🏁 시작　⏱ 5~10분　📋 ×　👥 개인별 그리고 팀별로 4명씩
📖 운명의 컵, 개인별로 활동지 1장, 세 가지 색상의 펜(파랑, 빨강, 노랑)
🎯 강의 집중력 향상, 이해의 명료화

선생님의 설명 혹은 학습 내용 안에 있는 어려운 어휘들은 강의의 성패를 좌우하고 학생들의 이해를 방해하는 요소입니다. 학생들의 수업 집중력을 높이기 위해서는 강의 전 반드시 이 어휘 악당을 처리해야 합니다. 〈신호등 어휘〉 활동은 수업 전에 선생님이 학습 내용의 이해에 꼭 필요한 어휘를 선정하는 것에서 시작됩니다. 그리고 그 필수 어휘들로 활동지를 만드는 것이지요.

학생들은 강의 직전 활동지를 보고 자신이 이미 잘 알고 있는 어휘와 그렇지 않은 어휘를 구분한 뒤 의미를 잘 아는 단어는 '파랑', 어느 정도 아는 단어는 '노랑', 그리고 전혀 모르는 단어는 '빨강'으로 표시합니다. 그리고 팀별로 노랑, 빨강 단어를 해결합니다. 완벽하게 해결하지 않아도 좋습니다. 어려운 단어를 구분하고 말해 보는 것만으로도 두뇌는 이미 '인지적 주목'의 효과를 얻기 때문이죠.

활동 방법 🏃

1 수업 전에 학습 내용의 필수 어휘를 선정하여 정리한 〈신호등 어휘〉 활동지를 준비하고, 강의 직전에 모든 학생에게 활동지를 한 장씩 나누어 줍니다.

2 학생들은 1분 동안 미리 준비한 파랑, 노랑, 빨강의 세 가지 색상 펜으로 어휘들을 구분해서 표시합니다.

3 어휘 구분이 끝나면 학생들은 각자 교과서 및 학습 자료를 읽어 보며 잘 모르는 어휘들의 뜻을 유추해서 활동지에 적어봅니다.

4 개인 활동 시간이 끝나면 팀별로 모여 유추한 단어들의 뜻을 서로 공유하며 해결합니다. 만약 팀원 모두가 잘 모를 경우에는 선생님의 도움을 받습니다.

5 필수 어휘의 의미가 모두 파악되면 팀별로 오늘 수업 시간에 배울 내용을 함께 추측해 봅니다.

6 팀별 활동 후에 운명의 컵으로 학생을 선정하여 필수 어휘들의 의미를 하나씩 물어봅니다. 오늘 배우게 될 내용을 물어볼 수도 있습니다. 적절한 설명을 한 경우 해당 팀에게 점수를 줍니다.

⁺Plus Tips

필수 어휘를 활용해서 예시 문장을 하나씩 만드는 활동을 첨가하면 학생들의 이해를 더 견고하게 만들 수 있습니다.

10
마인드풀니스 복습

⊛ 하 ⊚ 하 ⊡ 중간 ⊙ 5분 ▣ ✕

⊛ 개인별 그리고 팀별로 4명씩 ⊛ 마인드풀니스 명상 음악
⊛ 수업 집중력 향상, 이해의 명료화

가끔은 마음을 편안하고 고요하게 만들어주는 명상으로 학생들의
수업 집중력을 올려주세요. '마인드풀니스(Mindfulness)', 즉 '마음
챙김 명상'이란 현재의 순간에 집중하도록 도와주어 마음과 두뇌에
휴식을 주는 명상법입니다. 이 잠깐의 쉼이 수업 집중력과 학습 효
율을 높여 줍니다.

〈마인드풀니스 복습〉은 미니 강의 직후 학생들이 명상 음악을 들
으며 눈을 감고 차분히 방금 학습한 내용, 그리고 그 학습 내용으로
인해 현재 떠오르는 생각들을 머릿속으로 정리해 보는 활동입니다.
학생들이 유독 수업에 집중하지 못하는 날, 혹은 고난도의 학습 내
용을 다루는 날에 필요한 활동이지요. 차분한 음악과 비움의 시간
이 학생들을 자신의 배움과 생각에 집중하도록 만들어줍니다.

활동 방법 🏃

1 수업 전에 유튜브에서 '마인드풀니스' 혹은 '마음챙김 명상'으로 검색하여 동영상 혹은 명상 음악 자료를 준비합니다.

2 미니 강의 직후 명상 음악을 틀어주며 학생들이 편안한 자세로 앉아 눈을 감도록 합니다.

3 3분 동안 방금 학습한 내용과 그 내용으로 인해 현재 떠오르는 생각들을 머릿속으로 정리해 보도록 합니다.

4 명상 후에 학생들은 팀별로 모여 명상 시간 동안 정리한 내용과 떠올랐던 생각을 나눕니다.

5 팀별 생각 나누기 시간이 끝나면 한두 명의 학생을 선정해서 명상과 팀별 생각 나누기 활동으로 깨닫게 된 점을 발표하도록 합니다.

ACTIVE LEARNING

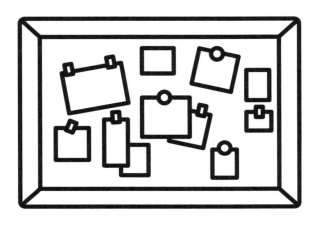

Part 2
손쉽게
학생의 이해도 체크하기

11

가위-바위-보

⊛ 하   ⊜ 하   ⊞ 수시로   ⊘ 30초   ▣ ×
⊚ 개인별   ⊜ 개인별로 가위-바위-보 카드 1세트
⊚ 이해도 점검, 학생 자기 평가

선생님들이 학생들에게 가장 궁금한 부분은 무엇일까요? 아마도
'학생들이 학습 내용을 얼마나 이해하고 있을까?', '학생들이 목표
학습 내용에 대해 얼마나 자신이 있을까?'일 것입니다. 그래서 선생
님들은 의식하지 못한 채 수업 중에 학생들에게 "질문 있습니까?"
혹은 "이해했나요?"를 반복해서 물어보게 됩니다. 하지만 돌아오는
건 학생들의 영혼 없는 대답이거나 침묵이지요.

이제 학생들이 손으로 말하게 해봅시다. 학생들이 자신의 학습 내
용 이해도를 스스로 점검해 보고, '가위바위보'를 통해 자신에게 배
움이 얼마나 일어났는지를 수시로 표현하도록 하는 것입니다. 동시
에 선생님은 자신의 수업이 얼마나 효율적으로 진행되고 있는지 점
검해 볼 수 있습니다. 만약 '바위'가 많다면 선생님은 자신의 수업을
되돌아볼 용기가 필요합니다.

활동 방법 🏃

1 수업 중 난이도 있는 학습 내용을 설명할 때, 학생들의 이해 수
   준이 궁금할 때, 혹은 수업 목표를 달성했는지 등의 확인이 필
   요할 때 학생들에게 〈가위-바위-보〉 활동을 하자고 합니다.

2 학생들에게 해당 내용에 대해 얼마나 자신 있는지 생각해 보게
   합니다. 혹은 학습 내용을 담은 문제 하나를 전체 학생들에게
   제시합니다.

3 학생들은 손으로 가위, 바위, 보 중 한 가지를 만들어 자신의 자
   신감의 수준, 혹은 이해의 수준을 표현합니다. (가위 : 정확성에
   약간 자신이 없거나 정답의 일부분만 아는 경우 / 바위 : 자신감이 없거
   나 정답을 전혀 알 수 없는 경우 / 보 : 자신감이 넘치거나 문제의 정답
   을 알 경우)

4 선생님은 학생들의 손을 보고 대략적으로 학생들의 이해도를
   점검합니다.

5 만약 바위가 많이 보인다면 해당 학습 내용을 보충합니다.

⁺Plus Tips

- 학생들이 다른 사람을 의식해서 자신감 있게 손을 들어 표현하지 못할 수도 있
  습니다. 이럴 때는 미리 학생 모두에게 '가위, 바위, 보'가 앞면에 그려져 있는
  카드를 1세트씩 나눠 주고 그중 하나를 들라고 해도 좋습니다.

- '바위'를 든 학생이 너무 많은 경우에는 학생들에게 그 이유가 무엇인지 물어보
  세요. 학습 내용이 어려워서가 아니라 설명 방식의 문제일 수 있습니다.

12

엄지 전략

⊛ 하 ⊛ 하 ⏱ 수시로 ⏲ 30초 ▤ ✕
⊛ 개인별 ✉ 개인별로 엄지 척 카드 1세트
⊙ 이해도 점검, 학생 자기 평가

〈11. 가위-바위-보〉와 같은 이해도 점검 방법입니다. 그보다 더 간단하게 학생들이 엄지손가락 하나만으로 자신의 이해도나 자신감을 표시합니다. 손가락을 직접 드는 대신 '엄지 척 카드'를 나누어 주고 학생이 자신의 엄지 대신 카드 방향을 다르게 하여 자신의 이해도를 표현하게 해도 좋습니다.

〈엄지 전략〉은 수업 전 학습 동기 유발 및 브레인스토밍 활동으로 쓰일 수도 있습니다. 예를 들면 본격적인 핵심 내용 설명에 앞서 학습 내용과 관련된 논쟁거리를 소개하고 자신의 찬성, 반대 의견을 엄지로 표현하게 할 수 있습니다.

'엄지 척 카드' 예시

활동 방법 🏃

1 학습 내용을 강의합니다.

2 강의 중간에 멈추어 핵심 내용과 관련된 3~5개의 문장을 차례대로 제시합니다.

3 각 문장에서 학생들에게 생각할 시간을 5초 준 뒤 엄지를 세우거나 내려서 의견을 표현하게 합니다. (엄지를 위로 : 잘 이해했어요, 자신 있어요 / 엄지를 가로로 : 완전히 이해하지는 못했어요, 완전히 자신 있지는 않아요 / 엄지를 아래로 : 잘 모르겠어요, 자신이 없어요)

4 만약 엄지를 아래로 표현한 학생들이 많다면 학습 내용을 보충 설명합니다.

5 학생이 엄지로 찬성, 반대 의견을 표현한 경우 이후 〈18. 생각-짝-나누기〉 활동과 연계해서 자신의 의견을 짝 혹은 팀별로 상의하게 할 수 있습니다.

13

색으로 말해줘

⊚ 하　⊟ 하　Ⓟ 중간, 마무리　⊙ 1분　▣ ✕
⊛ 개인별　▣ 학습 내용 퀴즈, 개인별로 색상 카드(빨강, 노랑, 파랑, 흰색) 1세트
⊚ 액티브한 강의식 수업, 학생의 이해도 체크, 학습 내용 정리

선생님이 학습 내용에 관련된 간단한 퀴즈를 내면 학생들은 자신이 생각하는 퀴즈의 답을 색상 카드로 표현합니다. 각 학생이 즉각적으로 답을 표현해야 하므로 자연스럽게 수업에 적극적으로 참여하게 됩니다.

카드로 선생님과만 일대일로 소통하는 방식은 학생들이 느끼는 발표와 오답에 대한 부담을 덜어줍니다. 또한 색깔로 학생의 응답을 한눈에 파악할 수 있기 때문에 선생님은 학생의 이해도를 쉽게 점검할 수 있습니다. 〈색으로 말해줘〉 활동을 수업 중 적재적소에 다양하게 활용해 보세요.

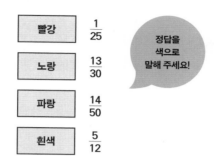

다음 중 무한 소수는?

빨강	$\dfrac{1}{25}$
노랑	$\dfrac{13}{30}$
파랑	$\dfrac{14}{50}$
흰색	$\dfrac{5}{12}$

정답을 색으로 말해 주세요!

중학교 수학 〈색으로 말해줘〉 활동지 예시

활동 방법

1   강의 내용에 대한 이해도를 점검해야 할 때 학생들에게 색상 카 드 세트를 하나씩 나누어 주고 문제를 제시합니다. 이때 문제의 보기는 4개로, 각각의 색상 카드와 연결합니다.

2   학생들은 색상 카드 세트에서 자신이 생각하는 정답의 보기와 연결된 카드를 골라 높이 듭니다.

3   선생님은 학생들이 든 색상 카드를 보고 학생들의 이해도를 파 악합니다.

4   학생 한 명을 선정해서 문제와 답에 대한 설명을 듣습니다.

5   만약 정답이 아닌 색상의 카드를 든 학생이 많이 보인다면 그 문제에 관한 부가 설명을 진행합니다.

- 개별 학생의 이해도를 체크하는 것이 주요 목적이기 때문에 학생들끼리 의견을 교환하지 못하도록 조용한 상태에서 빠르게 진행합니다.

- 모든 학생이 정답을 맞혔을 경우 반 전체가 받을 작은 보상을 미리 정해 놓으면 수업에 재미 요소를 높일 수 있습니다.

- 학생들이 오답에 대한 부담감을 낮출 수 있도록 각 색상 카드 뒷면은 흰색으로 통일해 주세요. 그래야 뒤에서 정답과 오답의 구분이 힘들어 학생들이 편안하게 색상 카드를 들 수 있습니다.

- 학년 초에 색상 카드 세트(파랑, 빨강, 노랑, 흰색 카드를 '인덱스 링 홀더'로 묶음)를 30~40개 준비하면 여러 해 동안 모든 반에서 사용할 수 있습니다.

14

의견 색상 카드

⊛ 하　⊛ 하　⊟ 수시로　⊠ 1분　◨ ×
⊘ 개인별　⊜ 개인별 색상 카드(빨강, 파랑, 노랑) 1세트
⊜ 액티브한 강의식 수업, 학생의 의견 형성 및 표현, 생각의 명료화, 토론 수업

강의를 듣는 동안 학생들은 자연스럽게 학습 내용에 관해 자신만의
생각과 의견을 가지게 됩니다. 문제는 그 의견이 대부분 학생들의
머릿속에서만 만들어지고 수업 중에 표출될 기회가 거의 없다는 데
있습니다. 그래서 수시로 학습 내용에 대한 학생들의 의견을 물어
보고 이를 표현할 수 있는 활동이 필요합니다. 〈의견 색상 카드〉는
학습 내용을 듣고 그에 대한 선생님의 견해를 수동적으로 받아들
이기만 하는 것이 아니라 학습 내용에 대해 나의 의견을 '표현'하는
것이 중요하다는 인식을 학생들에게 심어줍니다. 그리고 바로 이런
활동이 강의식 수업을 액티브하게 만들어줍니다.

수업 주제 중 윤리적인 선택을 해야 하는 내용이 나올 때, 혹은 요
즘 일어나고 있는 사회적 상황, 과학적 발전 등에 관한 학생 개개인
의 의견 표현이 중요할 때 학생들에게 자신의 생각을 색깔로 표현

하게 하세요. 이 활동은 토론 수업 전 자신의 입장을 명료하게 하는
작업으로도 활용될 수 있습니다.

파랑	노랑	빨강
찬성	중립	반대

〈의견 색상 카드〉 예시

활동 방법 🏃

1 학생들에게 색상 카드를 1세트씩 나누어 줍니다.

2 학생들이 자신의 의견을 표현할 주제를 제시합니다. (과목별 예 :
국어 – 문학 작품 주인공 및 주변 인물의 행동에 대한 가치 판단 →《춘
향전》의 춘향은 자신의 신분에 걸맞은 당당한 모습을 보였기 때문에 본
받을 만한 인물이다. / 영어 – 한국식 영어 회화 표현이 영어 모국어 국
가에서 실제로 통용될지에 대한 판단 → 나는 그 가격을 보고 놀랐다.
: I was surprised to see the price. 구름이 걷히고 있어요. : The
clouds are going away. / 사회 – 정언적 언급에 대한 가치 판단 → 국
가 안전보장, 질서 유지 또는 공공의 복리를 위하여 국민의 기본권을 제
한해야 한다.)

3 학생들은 해당 주제에 대한 자신의 의견을 정하고 그 이유를 생

각합니다.

4 선생님의 신호에 따라 학생들은 색상 카드를 들어 자신의 생각을 찬성(파랑), 중립(노랑), 반대(빨강)로 표현합니다.

5 선생님은 각각의 의견 색상 카드를 선택한 몇몇 학생들의 생각과 이유를 듣습니다.

15

텔레파시 엄지 척

⚙ 하   ⊕ 하   ⏳ 수시로   ⏰ 3분   📋 ×
👥 분단별 혹은 팀별로 4명씩   📖 학습 내용에 관련된 진술문 혹은 True/ False 문제
💬 액티브한 강의식 수업, 이해의 명료화, 학생 자기 평가

〈텔레파시 엄지 척〉은 모든 학생들이 강의의 흐름을 제대로 잘 따라오고 있는지 궁금한 그 순간 기습적인 질문을 통해 강의식 수업을 액티브하게 만드는 활동입니다. 학생들은 강의 중에 갑작스럽게 제시되는 문제 및 진술문에 대한 판단을 빠르게 내리고 자신의 엄지로 옳은 문장인지 아닌지를 표현합니다.

만약 이 순간 인지적으로 선생님과 함께하고 있지 않은 학생이 있다면 그 결과는 팀이 함께 책임져야 합니다. 텔레파시가 잘 통해서 모든 팀원이 엄지로 올바른 판단을 표현할 때만 보상을 받기 때문입니다. 기습 질문도 좋지만 강의 전에 학생들에게 〈01. 거꾸로 미션〉처럼 미리 살짝 언질을 해준다면 강의 내내 학생들의 반짝이는 눈빛을 받을 수 있겠지요.

활동 방법 🏃

1 강의 도중 갑자기 말을 멈추고 방금 설명한 학습 내용에 관련된 진술문 혹은 True/ False 문제를 냅니다.

2 선생님이 "하나, 둘, 셋" 하고 구호를 외치는 동안 학생들은 신속하게 학습 내용에 비춰 제시된 문장이 옳은 문장인지, 틀린 문장인지 판단합니다.

3 선생님이 "셋"을 외치는 순간 학생들은 제시된 문장이 옳은 경우 엄지를 위로 올리고, 틀린 경우 엄지를 아래로 내립니다.

4 한 팀 혹은 한 분단의 모든 학생이 옳은 선택을 한 경우 보상을 해줍니다.

5 몇 명의 학생을 선정하여 판단의 이유를 물어보고 생각 나누기 활동을 합니다.

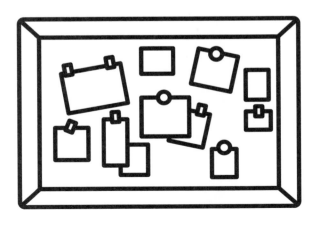

Part 3
쉽고 간단하게
액티브 러닝 수업 만들기

16

미스터리 요약하기

⊗ 하 ⊜ 하 ⊕ 중간, 마무리 ⊙ 5분 ⊞ ○
⊛ 개인별 ⊜ 미스터리 단어
⊜ 액티브한 강의식 수업, 이해의 명료화, 사고력 증진

〈미스터리 요약하기〉는 학생들이 강의의 핵심 내용을 제대로 파악해서 요약하는 활동입니다. 이때 선생님은 '미스터리 단어' 2~3개를 제시합니다. 미스터리 단어가 쓰이는 방법은 두 가지입니다. 첫 번째는 미스터리 단어를 제외하고 요약하는 것이고, 두 번째는 미스터리 단어를 반드시 포함해서 요약하는 것입니다. 선생님이 미스터리 단어를 제시하기 직전까지 학생들은 어떤 단어가 선택될지 모르기 때문에 학습 내용을 완벽하게 파악하고 있어야 합니다. 그래야 요약에 필수적인 어떤 핵심 단어가 빠졌을 때 이것을 나름의 표현으로 설명하거나 다른 단어로 대체할 수 있기 때문입니다. 이 활동을 통해 학생들은 스스로 학습 내용을 제대로 이해했는지 파악해 볼 수 있으며 핵심어를 다른 말로 바꿔 표현하면서 어휘력 및 의사소통 능력을 기르게 됩니다.

활동 방법 🏃

1 강의 직후, 혹은 학습 자료를 제시한 후 학생들에게 학습 내용을 요약할 시간을 줍니다.

2 요약한 내용을 발표하거나 학습지에 쓰기 직전에 미스터리 단어를 공개합니다.

3 미스터리 단어를 반드시 포함해야 하는지 혹은 반드시 제외해야 하는지를 정해 학생들에게 알려줍니다.

4 요약한 내용을 발표하는 경우 발표자의 요약을 들은 후 함께 생각 나누기 활동을 합니다.

5 요약된 내용을 학습지에 쓰는 경우 과정 평가 자료로 활용할 수 있습니다.

+Plus Tips

- **육하원칙 요약** 강의의 세부 내용 혹은 학습 자료를 육하원칙에 맞게 정리하여 쓰거나 발표하는 활동으로 진행할 수 있습니다.

- **5개 형용사 정리** 학습 내용에 대한 자신의 생각, 경험을 선생님이 제시한 5개의 형용사(예 : 신기한, 어려운, 의아한, 친숙한, 안타까운 등)를 활용하여 표현해 보는 활동으로 학생들의 메타 인지를 키워주는 활동입니다.

17

1분 페이퍼

⊛ 하   ☺ 하   ⊞ 수시로   ⊙ 3분   ▣ ○
⊗ 개인별   ▨ 개인별 활동지 1장   ☞ 전 차시 복습, 강의 혹은 수업 마무리,
학생 자기 평가, 이해의 명료화, 액티브한 강의식 수업

〈1분 페이퍼〉는 액티브 러닝의 대표적인 활동입니다. 수업 시작부터 끝까지 언제든 학생들이 생각을 정리할 필요가 있다고 판단될 때 이 활동을 제시합니다. 선생님이 수업에서 가장 중요하거나 어려운 개념에 대해 질문을 하면 학생들이 종이에 1분 동안 자신의 생각을 적어서 제출하는 방식입니다.

학습 내용의 흐름을 다시 한번 깊게 생각하고 써보는 과정을 통해 학생들은 학습 내용을 장기 기억 속에 확고히 저장할 수 있습니다. 또한 질문의 종류에 따라 학습 과정 자체에 대해 고찰하는 메타 인지 능력을 키워줄 수 있고, 깊은 사고를 유도하는 질문을 통해 고등 사고력을 키워줄 수도 있습니다. 학생들의 쓰기 실력 향상은 보너스입니다.

이 '질문에 대한 생각 쓰기' 활동은 학생들의 배움의 과정을 잘 드

러내므로 "학습 과정에서 평가, 동시에 평가 과정에서 학습"이라는 과정 평가의 목표에 정확하게 부합합니다. 실제로 해외에서는 다양한 교육 현장에서 과정 평가로 널리 쓰이고 있습니다. 1분 페이퍼의 결과물들을 포트폴리오 형식으로 모아본다면 배움의 성장 과정을 간단하지만 분명하게 보여주는 훌륭한 증거물이 될 것입니다.

활동 방법 🏃

1 미니 강의 후 혹은 수업 마무리에 개인별로 〈1분 페이퍼〉 활동지를 나누어 줍니다.

2 선생님은 질문을 하나 제시합니다.

3 학생들은 1분 동안 질문에 대한 자신의 생각을 정리한 후 활동지에 적습니다. 이때 단어가 아닌 문장으로 표현하도록 합니다.

4 주어진 시간이 끝나면 활동지를 선생님에게 제출합니다.

5 수업 후에 선생님은 학생들의 활동지를 점검합니다. 수정, 보충이 필요하거나 훌륭한 답변을 적은 경우 피드백을 써줍니다.

6 다음 시간에 활동지를 학생들에게 다시 나누어 주고 학생들이 활동지를 꾸준히 모을 수 있도록 합니다.

• 〈1분 페이퍼〉 질문 예시 •

- **수업 시작**
  - 오늘 배울 학습 주제와 관련해서 이미 알고 있는 것을 써보세요.
  - 오늘 배울 학습 주제와 관련된 개인적인 경험이 있다면 써보세요.
  - 지난 수업 내용에 미루어 볼 때, 오늘 수업의 주제는 무엇일지 생각해서 써보세요.
  - 지난 수업 시간의 가장 중요한 개념을 한 문장으로 표현하세요.

- **수업 중간**
  - 조금 전 미니 강의의 핵심 내용을 자신의 말로 다시 설명해 보세요.
  - 미니 강의 중 가장 동의하는 내용(혹은 가장 동의하지 않는 내용)을 적어보세요.
  - 미니 강의를 통해 새롭게 알게 된 것을 적어보세요.
  - 학습 내용에 관련된 질문 한 개를 만들어서 적어보세요.

- **수업 마무리**
  - 오늘 수업 시간에 배운 가장 중요한 개념 세 가지를 써보세요.
  - 오늘 수업에서 가장 어려웠던 내용이나 아직 이해하지 못한 부분이 있다면 써보세요.
  - 오늘 수업에서 배운 내용 중 실생활과 밀접한 것이나 유용한 것이 있다면 무엇인지 이유와 함께 써보세요.
  - 오늘 친구들과 수업 내용에 관해 나눴던 대화 중 가장 기억에 남는 것(가장 의미 있다고 생각하는 것)을 써보세요.
  - 오늘 학습 내용 중 조금 더 깊게 알아보고 싶은 것이 있다면 무엇인가요?

- **메타 인지**
  - 오늘 수업 목표를 얼마나 성취했다고 생각하나요? 성공 요인과 보충 요인은 무엇인가요?
  - 나의 배움의 과정이 어떻게 진행되고 있나요?
  - 학습자로서 나의 장점을 잘 활용하고 있나요? 향상되어야 할 부분은 무엇인가요?

- 〈1분 페이퍼〉 활동지를 걷어서 학생들의 이해 여부를 파악하는 수업 피드백으로 활용하면 학생들의 수업 이해도가 한눈에 파악됩니다. 만약 특정 개념에 대해 많은 학생들이 제대로 이해하지 못했다면 다음 시간에 보충 설명을 합니다.

- 학생들을 팀별로 묶어 〈1분 페이퍼〉의 퀄리티에 따라 팀별 보상을 해주면 수업 참여도와 활동의 질이 향상됩니다.

- 모래시계 앱이나 폭탄 타이머 앱으로 1분 세팅을 한 후 〈1분 페이퍼〉 활동을 하면 재미와 긴장감으로 집중력이 향상됩니다.

18

생각-짝-나누기

⊛ 하　⊜ 하　🏳 시작, 전개, 마무리　⏱ 5분　📱 ✕
👥 짝별로 2명씩　📋 없음
💡 액티브한 강의식 수업, 학습 이해도 점검, 생각의 명료화, 생각 나누기

〈생각-짝-나누기〉는 선생님의 질문에 대한 자신의 의견과 아이디어를 생각해 보고 짝과 나누는 활동입니다. 서로의 생각을 일치시키기 위해 상대방을 설득하기도 하고 토론을 할 수도 있습니다. 이렇듯 자신의 생각을 정리하고 상대방의 아이디어를 들어본 후 둘의 생각의 차이를 조율해 보는 과정 자체가 학습입니다. 이 과정에서 학습 내용에 대한 이해도가 높아지고 의사소통 능력이 향상됩니다. 또한 발표에 대한 자신감은 물론 자신의 생각에 대한 자신감이 생기겠지요. 이 활동을 통해 수동적으로 지식을 받기만 하는 수업에서 나의 언어로 표현하고 생각을 함께 키우는 생산적인 수업, 액티브한 수업으로 간단히 탈바꿈할 수 있습니다.

활동 방법 🏃

1 학생들에게 주제어를 제시하거나 학습 내용에 관련된 질문을 합니다.

2 학생들이 주제어나 질문에 대해 스스로 자신의 생각을 정리할 시간을 1분 내외로 줍니다.

3 학생들에게 짝을 짓게 합니다. 미리 누구와 짝을 만들어야 하는지 알려주는 것이 좋습니다.

4 질문에 대해 서로 의견을 나누고 교환합니다.

5 전체 학생과 선생님이 의견을 나눕니다.

⁺Plus Tips

• 활동 전에 '짝 A(오른쪽 친구), 짝 B(왼쪽 친구), 짝 C(앞 친구), 짝 D(뒤 친구)'를 정해 놓으세요. 그리고 매번 이 활동을 할 때마다 A~D 중 짝이 되는 조건을 붙여주면 학생들은 서로 다른 학생들과 고르게 의견을 나눌 수 있습니다.

• 어떤 현상의 인과관계를 설명하게 하거나 가치판단과 자신의 판단을 뒷받침할 수 있는 설명을 하게 하면 이 심플한 활동으로 학생들의 사고력까지 키울 수 있습니다.

• 다른 액티브 러닝 활동과 연계하면 각 활동에 생각의 힘을 키우는 요소가 첨가됩니다.

• 네 명이 팀이 되어 함께 생각을 발전시키는 〈생각-팀-나누기〉 활동으로 변형할 수 있습니다.

19

생각-짝-쓰기

◉ 하　◎ 하　⊡ 시작, 중간, 마무리　⊠ 5분　▣ ○
◎ 짝별로 2명씩　◎ 개인별 노트와 펜　◎ 액티브한 강의식 수업, 브레인스토밍,
학습 이해도 점검, 생각의 명료화, 생각 나누기, 사고력 향상

〈18. 생각-짝-나누기〉에 '쓰기'를 덧붙인 활동이 바로 〈생각-짝-쓰기〉 활동입니다. 학생들은 생각을 말로만 하고 그치는 것이 아니라 생각 나누기 활동으로 생각을 풍부하게 한 후에 다시 정리해서 써 보는 기회를 갖게 됨으로써 주제를 더 깊이 이해할 수 있습니다. 물론 쓰기 실력을 키울 수도 있지요.

또한 학습 내용에 대한 자신의 배움의 과정을 보여주는 과정 평가의 자료로도 충분히 활용할 수 있습니다. 학년 초에 〈생각-짝-쓰기〉 노트를 준비하여 꾸준히 짝과 의견을 나눈 후 자신의 노트에 생각을 정리하여 쓰는 활동을 하게 하면 노트 자체가 학생들의 사고의 깊이와 쓰기 실력이 꾸준히 성장하는 모습을 잘 보여주는 훌륭한 포트폴리오가 됩니다. 브레인스토밍이 필요할 때에도 활용하기 좋은 활동입니다.

활동 방법 🏃

1 학생들에게 주제어를 제시하거나 주제에 관련된 질문을 던집니다.

2 학생들이 자신의 생각을 정리할 시간을 1분 내외로 줍니다.

3 학생들에게 짝을 짓게 합니다. 미리 누구와 짝을 만들어야 하는지 알려주세요.

4 짝끼리 제시된 과제에 대해 서로의 의견을 나누고 생각을 조율합니다.

5 각자가 생각을 정리한 후 노트에 질문에 대한 답 혹은 주제에 대한 자신의 의견을 적습니다.

6 전체 학생과 선생님이 의견을 나눕니다.

20

최후의 3문장

⊗ 하　⊕ 하　▣ 전개, 마무리　⊠ 3~5분　▤ ○
⊘ 개인별　▥ 운명의 컵, 개인별 활동지 1장
⊛ 액티브한 강의식 수업, 이해의 명료화, 미니 강의 혹은 수업 마무리, 학생 자기 평가

"황순원의 《소나기》를 딱 3문장으로 표현하면?" 혹은 "영화 〈기생충〉의 감상평을 5단어로 표현해 보세요." 이런 질문을 받으면 학생들은 소설 《소나기》와 영화 〈기생충〉의 가장 핵심적인 부분만 골라 간략하게 표현할 것입니다. 이처럼 선생님이 방금 설명한 학습 내용도 간추리고 간추려서 핵심적인 문장으로 표현할 수 있겠지요.

〈최후의 3문장〉 활동은 미니 강의 마무리 혹은 수업의 마무리에 쓸 수 있는 좋은 정리 활동입니다. 딱 3문장으로만 학습 내용을 표현해야 하므로 학생들은 다양한 정보 중 가장 중요한 정보를 선정하기 위해 노력해야 합니다. 따라서 학생들은 수업에서 배운 다양한 정보를 분석하고, 정보들 간의 위계를 파악하는 능력 및 학습 내용의 큰 그림을 파악하는 능력, 핵심을 뽑아낼 수 있는 능력을 키울 수 있습니다.

활동 방법 🏃

1 모든 학생에게 〈최후의 3문장〉 활동지를 나누어 줍니다.

2 오늘 배운 학습 내용을 압축하여 3문장으로 표현하게 합니다.

3 학생들은 생각을 정리한 후 활동지를 작성합니다.

4 운명의 컵을 이용하여 몇 명의 학생들을 선정해 발표하도록 합
 니다. 또는 팀별로 모여 각자 '최후의 3문장'을 발표해도 좋습
 니다.

⁺Plus Tips

- 팀별 활동으로 진행할 수도 있습니다. 팀원 모두의 아이디어를 모아 '최후의 3
 문장'을 만들고 팀원 중 한 명이 일어나 발표하거나 각 팀의 활동지를 교실에 게
 시해도 좋습니다.

- 활동이 끝난 후 〈최후의 3문장〉 활동지를 걷습니다. 선생님은 활동지로 자신의
 수업이나 한 단원에 대한 학생들의 이해도를 파악합니다. 만약 부가 설명이 필
 요한 부분이 파악되면 피드백을 달아주거나 다음 시간에 보충합니다.

- 〈최후의 3문장〉 활동지는 과정 평가 자료로도 활용될 수 있습니다.

21

진흙탕 찾기

⊛ 하　☺ 하　🏁 중간, 마무리　⏱ 3분　🖥 ×
☺ 개인별　📋 개인별 활동지 1장　⊛ 액티브한 강의식 수업, 학생 자기 평가,
교사 수업 평가, 강의나 수업 혹은 한 단원 마무리

선생님이 아무리 완벽하게 수업을 해도 학생들이 이해하지 못한 부분, 즉 '수업의 진흙탕(Muddiest Point)'은 분명히 존재합니다. 수업을 듣는 것이 일상인 학생들은 이해가 되지 않는 부분을 하루에 수도 없이 맞닥뜨릴 것입니다. 하지만 선생님은 학생들이 어느 부분을 이해할 수 없는지 파악하기가 쉽지 않습니다.

학생들에게 미니 강의가 끝난 후 혹은 수업이 끝나기 전 〈진흙탕 찾기〉 활동지를 나누어 주세요. 그리고 자신이 100% 이해하지 못한 부분을 찾아내도록 합니다. 이 활동은 학생들이 스스로 자신이 이해한 부분과 그렇지 못한 부분을 분석할 수 있도록 도와줍니다. 수업 후에 자신이 무엇을 보충해야 하는지 스스로 알려주는 것이지요. 또한 선생님은 이 활동으로 수업 내용 중 어떤 부분의 설명이 미흡했는지에 대한 피드백을 받을 수 있습니다. 수업 후에는 학생

들이 적어 낸 〈진흙탕 찾기〉 활동지에 간단한 의견을 달아주세요. 이 즉각적인 피드백이 학생들의 학습에 큰 도움이 됩니다. 만약 공통된 내용이 많다면 다음 수업 시간에 이 부분에 대해 잠깐 보충을 해주세요. 이 활동으로 학생들의 수업 진흙을 닦아줄 수 있습니다.

활동 방법 🏃

1 미니 강의 후 혹은 수업 마무리 단계에서 〈진흙탕 찾기〉 활동지를 나누어 줍니다.

2 학생들에게 강의 혹은 전체 수업 중 이해가 되지 않는 부분을 떠올리도록 합니다.

3 학생들은 주어진 시간 동안 활동지를 작성합니다.

4 선생님은 활동지를 걷어서 점검합니다. 이때 공통된 내용과 중요한 내용은 다음 시간에 보충하며 필요한 경우 활동지에 간단한 피드백을 써줍니다.

⁺Plus Tips

• 〈진흙탕 찾기〉 활동지를 선생님께 제출하기 전에 팀 내에서 각 팀원이 발견한 진흙탕을 함께 해결하는 것도 좋습니다. 그래도 잘 이해가 되지 않는 부분이 있다면 팀 진흙탕을 정리해서 선생님에게 제출하면 됩니다.

• 팀 진흙탕을 옆 팀과 맞바꾸어 각 팀이 해결하지 못한 진흙탕을 함께 해결해 보는 활동으로 확장시킬 수 있습니다. 그래도 해결이 되지 않은 부분은 반 진흙탕이 되는 것이지요. 반 진흙탕은 선생님과 반 전체가 함께 해결합니다.

22

수업 입장권

⊛ 하 ⊜ 하 ▣ 시작 ⊚ 3분 ▣ ✕
⊚ 개인별 ⊜ 개인별 활동지 1장
⊜ 전 차시 학습 내용 복습, 과제 제시, 학생 자기 평가

뮤지컬이나 콘서트를 보러 가면 우리는 설레는 마음을 가득 안고 입장권을 내고 공연장 안으로 들어갑니다. 액티브 러닝 수업으로 선생님의 수업 시간도 콘서트처럼 즐거워질 테니 교실로 들어오는 학생들에게 '수업 입장권'을 받아보는 건 어떨까요?

공연 입장권을 미리 예매하듯이 이전 수업 시간 마지막쯤 학생들에게 〈수업 입장권〉을 미리 발행합니다. 입장권에는 "수업 내용과 관련된 중요한 질문에 답변하기" 혹은 "수업 내용 요약하기"와 같은 미션이 적혀 있습니다. 특히 시간 제약으로 수업 도중 다루기 힘든 과제를 입장권에 제시할 수 있습니다. 그리고 학생들은 다음 수업 전까지 그 미션을 수행하면 되는 것이지요. 일종의 숙제인 셈입니다.

수업이 시작되면 학생들은 수업 입장권을 제출합니다. 선생님은 수업 입장권을 점검하면서 학생들이 지난 수업의 중요한 부분이

중학교 영어 〈수업 입장권〉 활동지 예시

잘 복습되어서 오늘 수업과 연계를 할 준비가 되었는지 파악해 봅
니다.

활동 방법 🏃

1 수업이 끝날 때쯤 수업 내용과 관련된 미션이 적힌 〈수업 입장
권〉을 학생들에게 나누어 줍니다.

2 학생들은 수업 후 입장권에 적혀 있는 미션을 수행합니다.

3 선생님은 다음 수업이 시작되자마자 학생들의 수업 입장권을
걷습니다. 혹은 수업 입장권을 걷기 전에 몇몇 학생들의 수업
입장권에 적힌 내용을 공유할 수 있습니다.

23

수업 퇴장권

⊛ 하　⊜ 하　⊡ 마무리　⊙ 3분　⊟ ○
⊛ 개인별　⊜ 개인별 활동지 1장
⊛ 학생 자기 평가, 미니 강의 혹은 수업 마무리

〈22. 수업 입장권〉과 비슷한 개념의 활동이지만 〈수업 퇴장권〉은 수업의 마무리 활동으로 학생들이 학습 내용을 다시 한번 복습해 볼 수 있게 하는 활동입니다.

수업이 마무리될 때쯤 학생들에게 수업 퇴장권을 나누어 줍니다. 학생들은 주어진 시간 동안 수업 퇴장권에 제시된 질문에 대한 대답이나 자신의 생각을 적습니다. 이 활동으로 학생들은 스스로 수업 내용 이해도를 점검해 볼 수 있습니다. 선생님도 학생들 개개인의 이해도를 확인해 볼 수 있기 때문에 추후에 학생의 부족한 점을 채워줄 피드백을 제시하는 데 활용할 수 있습니다. 물론 선생님이 수업의 질에 대한 자기 평가를 할 수 있는 좋은 자료이기도 합니다.

중학교 사회 〈수업 퇴장권〉 활동지 예시

활동 방법 🏃

1 수업이 마무리될 때쯤 학생들에게 〈수업 퇴장권〉을 배부합니다.

2 퇴장권에는 오늘 학습했던 내용에 관련된 문제나 수업 주제에 대한 학생의 경험이나 의견을 표현할 질문이 제시되어 있습니다.

3 학생들은 2~3분에 걸쳐 수업 퇴장권을 작성합니다.

4 주어진 시간이 끝나면 수업 퇴장권을 걷고 질문에 대한 답을 학생과 나눕니다.

⁺Plus Tips

- 꾸준히 성과가 좋은 입장권, 퇴장권 결과물에는 보상을 해주셔도 좋습니다.

- "모든 팀원이 〈수업 입장권〉 혹은 〈수업 퇴장권〉을 잘 작성한 팀을 선정한다." 처럼 팀 활동으로 활동 조건을 확장하면 학생들의 참여도를 높일 수 있습니다.

- 수업 퇴장권을 꾸준히 모아 과정 평가 자료로 활용할 수 있습니다.

24

3-2-1

⊛ 하　⊜ 하　⊙ 중간, 마무리　⊙ 5분　⊙ ○
⊙ 개인별　⊙ 개인별 활동지 1장
⊙ 학생 자기 평가, 학습 내용 브레인스토밍, 학습 내용 정리

〈3-2-1〉은 하나의 주제를 학습한 후 학생들이 자신의 배움과 이해도를 스스로 점검하기에 딱 알맞은 미니 강의 혹은 수업 마무리 활동입니다. 미니 강의나 수업이 거의 끝날 때쯤 〈3-2-1〉 활동지를 학생들에게 나누어 줍니다. 그리고 '3-2-1'을 기준으로 깊이 생각하게 합니다. '3'은 오늘 수업(미니 강의)을 통해 학습 주제에 관해 새롭게 배우게 된 것 3가지, '2'는 수업 주제와 관련해 더 깊게 배우고 싶은 것 혹은 주제에서 발견한 재미있는 것 2가지, '1'은 주제와 관련해 아직 해결하지 못한 궁금한 점이나 이해가 되지 않는 점 1가지입니다.

〈3-2-1〉 활동은 학생들이 오늘 학습한 내용을 다시 꼼꼼하게 돌아볼 수 있도록 합니다. 수업 내용을 요약하고 자신의 생각을 정리해서 써보는 활동을 통해 학습 내용 복습 및 이해도를 점검하고 스스

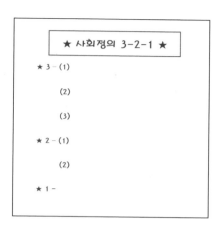

중학교 도덕 〈3-2-1〉 활동지 예시

로 정확하게 이해하지 못한 부분을 추려내어 완전 학습을 할 수 있도록 도와줍니다. 또한 선생님은 학생들이 이해하기 힘들어하거나 보충이 필요한 부분을 구체적으로 파악할 수 있습니다.

활동 방법 🏃

1 수업이나 미니 강의가 마무리될 때 학생들에게 〈3-2-1〉 활동지를 나누어 줍니다.

2 학생들은 수업 내용을 떠올리며 각 숫자에 제시된 조건에 맞춰 자신의 생각을 정리해서 작성합니다.

3 일정 시간이 지나면 활동지를 걷어 학생들의 이해도 점검 및 보충해야 할 부분을 파악합니다.

4 다음 시간에 이해가 미흡한 부분에 대한 보충 시간을 갖습니다.

- 더 확장된 활동을 할 수도 있습니다. 학생들이 작성한 '3-2-1' 중 '2', 즉 주제에 대해 더 깊게 배우고 싶은 2가지 혹은 주제에서 발견한 재미있는 것 2가지를 조사해 오는 과제를 내주세요. 그리고 다음 시간에 학생들이 간단히 발표하는 시간을 가져보는 것입니다.

- **그룹 3-2-1** 모든 학생이 〈3-2-1〉 활동을 한 후 자신의 학습지를 가지고 한 팀씩 모입니다. 4명이 순서대로 돌아가며 자신의 '3'과 '2'를 발표하고 서로의 의견을 나눕니다. 그 후 서로의 '1'을 묻고 답하며 이해하지 못한 부분이나 궁금한 점을 팀 안에서 함께 해결하고, 팀별로 해결이 되지 않은 1은 선생님과 반 전체가 함께 해결합니다.

- **메타 인지 3-2-1** "오늘 수업에서 나를 칭찬해 주고 싶은 것 3가지, 오늘 팀에게 고마웠던 점 2가지, 수업 효율을 높이기 위해 변화해야 할 1가지"처럼 학생들의 메타 인지를 키우는 활동으로 활용할 수 있습니다. 이를 통해 학생들은 학습 내용뿐 아니라 자신의 배움 과정 자체를 성찰해 보는 시간을 가지며 더 성숙한 학습자로 발전합니다.

25
피라미드 3-2-1

⊕ 하   ☺ 하   ▣ 마무리   ⊙ 5분   ▦ ○
⊙ 개인별 그리고 팀별로 4명씩   ▤ 개인별 활동지 1장
☺ 학습 내용 정리, 강의나 수업 혹은 한 단원 마무리

〈24. 3-2-1〉 활동과 기본적으로 같은 방식으로 운영되지만 학생들의 성찰적 사고를 '적용' 부분까지 확장시킨 활동입니다. 또한 피라미드 형식의 활동지가 학생들의 사고를 시각적으로 구조화시키는데 도움을 줍니다.

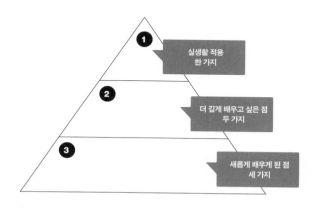

1 실생활 적용
한 가지

2 더 깊게 배우고 싶은 점
두 가지

3 새롭게 배우게 된 점
세 가지

〈피라미드 3-2-1〉 활동지 예시

활동 방법 🏃

1 학생들에게 〈피라미드 3-2-1〉 활동지를 나누어 줍니다.

2 학생들은 주제에 맞게 각 항목의 브레인스토밍을 한 후 활동지를 작성합니다. (3 : 미니 강의나 오늘 수업에서, 혹은 오늘 학습 주제를 통해 배우게 된 점 3가지 / 2 : 학습 내용 중 더 깊게 배우고 싶은 점 2가지 / 1 : 학습 내용이 우리의 일상생활에 적용될 수 있는 부분 혹은 일상생활에서 발견되는 상황 1가지)

3 일정한 시간이 지나면 개인별로 작성한 활동지를 가지고 각 팀이 모여 생각 나누기 활동 시간을 갖습니다.

4 이후 반 전체가 함께 생각 나누기 활동을 진행합니다.

26

단어를 찾아봐

⊛ 하 💬 중 🏁 중간, 마무리 ⏰ 10분 🖥 ×
👥 개인별 그리고 팀별로 4명씩 🛒 활동 파워포인트 자료, 운명의 컵,
개인별 빈 종이 1장 🎯 학습 내용 정리, 강의 마무리

미니 강의가 끝나면 선생님은 미리 준비해 놓은 학습 주제와 관련
된 중요한 문장들을 하나씩 학생들에게 제시합니다. 이 활동의 핵
심은 교과서와는 조금 다른 표현으로 문장을 만든 후 각 문장에서
중요 단어 한두 개를 빼고 제시하는 것입니다. 학생들의 미션은 당
연히 그 실종된 핵심어들을 학습 내용의 이해를 바탕으로 찾아내는
것이지요.

같은 내용이지만 다르게 표현된 학습 주제를 한 번 더 접하고, 중요
한 단어들을 유추해 내는 〈단어를 찾아봐〉 활동을 통해 학생들은
자신이 실제로 학습 내용을 얼마나 이해하고 있는지, 잘못 이해하
고 있는 내용은 무엇인지를 스스로 파악할 수 있습니다.

활동 방법 🏃

1 수업 전에 선생님이 직접 학습 내용을 요약합니다. 요약문의 각 문장에서 핵심 단어 한두 개를 뺀 후 〈단어를 찾아봐〉 활동 파워포인트 자료를 만듭니다.

2 미니 강의가 끝나면 학생들은 빈 종이를 준비합니다.

3 화면에 미리 준비한 문장을 하나씩 띄웁니다. 학생들은 해당 문장의 빈칸에 알맞은 단어를 떠올려 종이에 적습니다.

4 준비한 모든 문장을 다 보여줄 때까지 활동을 계속합니다.

5 학생들은 팀별로 모여 각 문장에 들어갈 단어에 대한 의견을 나눕니다. 서로 의견이 다를 경우 토론의 과정을 거쳐 공통된 단어를 도출합니다.

6 운명의 컵으로 선정된 학생은 각 문장에 들어갈 단어를 말합니다.

7 모든 문장의 빈칸을 잘 채운 학생 혹은 팀에게 보상합니다.

⁺Plus Tips

선생님 대신 학생들이 직접 〈단어를 찾아봐〉 문장을 만들 수 있습니다. 개인별 혹은 팀별로 강의 내용을 자신의 말로 요약해서 여러 문장을 만들어봅니다. 그리고 중요하다고 생각되는 단어들을 제거한 뒤 활동지를 구성합니다. 개인 활동이면 짝과 활동지를 교환하고, 팀 활동이면 옆 팀과 교환합니다. 일정 시간 동안 전달받은 활동지에 빈칸을 채운 후 서로 답을 체크해 주는 활동으로 활용해 보세요.

27

ABC 널뛰기 발표

⊛ 하 ⊜ 중 ▣ 시작, 중간, 마무리 ⏱ 5분 ▣ ✕
⊛ 개인별 ▣ 학습 내용에 관한 질문, 운명의 컵
⊛ 액티브한 강의식 수업, 학습 내용 이해 확인, 수업 집중력 향상

평범한 질문에 독특한 방식의 대답을 요구하는 흥미로운 질문-대답 활동이 있습니다. 세 명의 학생이 하나의 질문과 파생된 질문들에 대답을 해야 하는 〈ABC 널뛰기 발표〉입니다. 여러 팀을 넘나들며 널뛰기하듯이 발표가 이루어지기 때문에 학생들은 어떤 순간에도 질문의 흐름을 놓쳐서는 안 됩니다. 질문을 이해해야 하는 것은 물론이고 앞 사람의 발표 내용을 집중해서 듣고 이해해야 자기 순서가 왔을 때 제대로 된 대답을 할 수 있기 때문입니다. 즉 선생님은 학생들이 수업에 제대로 몰입하고 있는지 아닌지 이 활동을 통해 한 번에 파악할 수 있습니다.

선정된 학생들은 앞 사람들의 발표를 수동적으로 받아들이기만 하는 것이 아니라 그 발표에 자신의 의견을 추가하기 위해 대화의 흐름을 잘 파악하고, 다각도로 판단해야 합니다. 〈ABC 널뛰기 발표〉

는 학생과 학생이, 그리고 학습자와 학습 자료가 서로 밀접하게 상호 교류하며 배움이 일어나는 액티브 러닝 수업을 제대로 실현시켜 주는 훌륭한 활동입니다.

활동 방법 🏃

1. 미니 강의 후 모든 학생에게 학습 내용에 관한 질문을 하나 제시합니다.
2. 모든 학생은 각자 질문에 대한 답을 떠올립니다. 이때 서로 상의하지 않습니다.
3. 정해진 시간이 지나면 운명의 컵으로 선택된 A 학생이 생각하는 답을 듣습니다.
4. 그리고 다시 B 학생을 선정해서 A 학생의 대답에 동의하는지, 혹은 동의하지 않는지 묻습니다.
5. C 학생을 선정한 뒤 B 학생의 동의 여부 근거를 유추해서 말해 보도록 합니다.
6. 모든 질문이 끝나면 반 전체와 함께 제시된 문제에 대해 생각 나누기 활동을 합니다.

28
핵심 키워드 요약

⊛ 하   🗩 하   🖹 중간   🕐 10분   🖥 ×
⊚ 개인별 그리고 팀별로 4명씩   📖 개인별로 활동지 1장
☺ 이해의 명료화, 액티브한 강의식 수업

학습 내용을 일목요연하게 정리하는 능력, 그리고 핵심 키워드를 정확하게 뽑아내는 능력은 학생들이 키워야 할 중요한 기량 중 하나입니다. 〈핵심 키워드 요약〉은 미니 강의에서 배운 학습 내용을 학생들이 '혼자, 그리고 또 함께' 요약해 보는 활동으로, 학생들이 이 기량을 조직적으로 함께 키울 수 있도록 고안되었습니다.

학생들은 자신의 말로 학습 내용을 요약하는 과정에서 자신의 이해를 자연스럽게 점검하게 됩니다. 또한 팀원의 요약을 읽고 그것을 한 번 더 요약하면서 다른 사람의 이해 과정을 엿보며 이해에 깊이를 더하게 되지요. 마지막으로 팀원의 요약에서 핵심 키워드를 선정하고, 선정한 핵심 키워드를 서로 비교하면서 의견을 나누는 과정을 통해 학생들은 학습 내용, 핵심어들을 오랫동안 기억할 수 있게 됩니다.

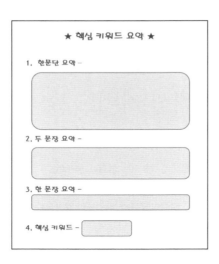

〈핵심 키워드 요약〉 활동지 예시

활동 방법 🏃

1 미니 강의 직후 모든 학생에게 활동지를 나누어 줍니다.

2 각 학생들은 활동지에 학습한 내용을 '한 문단 요약'으로 정리
합니다.

3 제한 시간이 지나면 모든 학생은 왼쪽이나 오른쪽 중 정해진 방
향으로 자신의 활동지를 옆 팀원에게 전달합니다.

4 전달받은 활동지에 적힌 팀원의 한 문단 요약을 읽고 '두 문장
요약'을 한 후 옆 팀원에게 전달합니다.

5 같은 방식으로 '한 문장 요약'을 한 후 옆 팀원에게 전달합니다.

6 마지막으로 '핵심 키워드'를 선정한 후 활동지의 원래 주인에게

돌려줍니다.

7 팀별로 네 명의 핵심 키워드를 비교하고, 이에 관해 의견을 나눕니다.

8 반 전체와 함께 생각 나누기 활동을 합니다.

29

각자가 선택한 키워드

⊛ 하　⊜ 하　▣ 중간　◷ 10분　▣ ○
⊛ 개인별 그리고 팀별로 4명씩　◉ 개인별로 키워드 단어 카드 3장
⊜ 이해의 명료화, 액티브한 강의식 수업

〈28. 핵심 키워드 요약〉과는 반대로 키워드 선정에서 시작되는 다양한 활동들을 진행할 수 있습니다. 우선 학생들은 자신의 판단으로 미니 강의의 내용에서, 혹은 제시된 학습 자료에서 가장 중요한 단어 세 개를 뽑은 뒤 키워드 카드를 만듭니다. 이렇게 만들어진 키워드 카드는 다양한 활동의 좋은 재료가 되어줍니다.

활동 방법 🏃

1　개인별로 학습 자료 혹은 학습 내용 중에서 가장 중요한 단어를

세 개 뽑습니다.

2 학생들에게 키워드 카드를 3장씩 나눠 주고 빈칸에 자신이 뽑은 중요한 단어를 적게 합니다.

3 채워진 키워드 카드를 활용하여 아래 플러스 팁에 소개된 다양한 활동을 진행합니다.

⁺Plus Tips

- **한 팀 핵심 키워드** 한 팀이 모여 12장의 팀별 키워드 카드를 펼쳐 두고 핵심 키워드 4개를 선별하는 활동입니다. 팀원들은 순서대로 돌아가며 자신이 각 키워드를 선택한 이유를 설명합니다. 나머지 팀원은 설명을 듣고 그 키워드의 타당성 여부를 결정합니다. 주어진 시간이 끝나면 모든 팀은 자신들이 선정한 핵심 키워드를 발표하고 서로 비교합니다.

- **키워드 요약** 팀원들이 선정한 12개의 키워드 단어들이 모두 들어가도록 미니 강의 내용, 혹은 학습 자료의 내용을 함께 요약하는 활동입니다. 팀별로 상의 후 활동지 한 장에 모두 돌아가며 한 문장씩 작성하여 키워드 요약을 완성합니다. 혹은 키워드 단어 카드들을 옆 팀과 교환하여 키워드 요약 활동을 진행할 수도 있습니다.

- **각자의 키워드 요약** 팀원들이 선정한 키워드 카드를 모두 활용하여 자신만의 키워드 요약을 만들어 제출하는 개별 활동입니다. 활동지는 과정 평가 자료로 쓰일 수 있습니다.

- **거꾸로 키워드 질문** 선정된 키워드가 답이 되도록 거꾸로 질문을 만들어보는 활동입니다. 선정된 키워드를 팀 내에서 함께 나누어 가진 후 각자가 가진 키워드에 관련된 세 개의 질문을 만듭니다. 이때 다양한 형태의 질문을 구성할 수 있도록 질문 형태(단답형, 선다형, 문장형), 인지 수준(기억, 이해, 적용, 분석, 종합, 판단)의 조건을 미리 제시합니다. 팀별로 거꾸로 키워드 질문이 다 만들어진 후에는 옆 팀과 서로 교환하여 문제를 풀어봅니다.

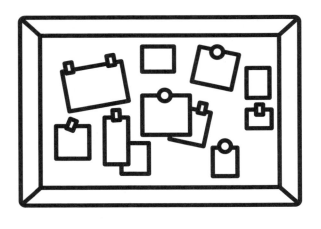

Part 4
신체 활동으로
수업 에너지 높이기

30

문제 릴레이 경주

⊛ 상   💬 중   📍 마무리   ⏱ 15분   📱 ✕

👥 **팀별로 7~8명씩**   📦 **문제 상자, 학생 수만큼의 문제, 팀별로 책상과 펜 1개**

🎯 **신체적 활동성 향상, 학생 자기 평가, 수업 마무리**

학생들의 두뇌와 신체에 에너지를 불어넣는 활동을 해봅시다. 학생들이 체육대회에서나 할 법한 계주 경기를 교실 안에서 진행합니다. 물론 체육 시간이 아니므로 달리기만 해서는 안 되겠지요. 학생들은 선생님이 준비한 학습 내용에 관한 문제를 해결해야 합니다. 학생이 상자 안에서 어떤 문제를 집느냐에 따라 질문의 수준은 달라집니다. 단순 지식을 묻는 질문, 어느 정도 사고의 힘이 필요한 질문이 섞여 있기 때문입니다. 즉 빠른 스피드와 정확한 지식, 생각의 힘을 모두 요구하는 활동이 바로 〈문제 릴레이 경주〉입니다.

팀으로 하는 활동이므로 모든 팀원이 함께 잘해야 합니다. 서로 도움을 주고받으며 서로를 위해 응원합니다. 승부를 결정짓는 다양한 요소가 개입되기 때문에 활동의 시작부터 끝까지 학생들은 물론 선생님까지 손에 땀을 쥐게 합니다. 가끔은 학생들이 교실 안에서 실

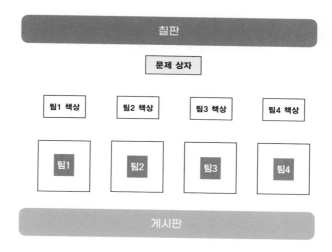

| 칠판 |

| 문제 상자 |

| 팀1 책상 | 팀2 책상 | 팀3 책상 | 팀4 책상 |

| 팀1 | 팀2 | 팀3 | 팀4 |

| 게시판 |

〈문제 릴레이 경주〉교실 배치

컷 뛰고 큰 소리로 응원할 수 있도록 해주세요. 선생님도 학생들도 순식간에 행복해집니다.

활동 방법 🏃

1 팀별로 수업 내용을 복습하며 함께 공부할 시간을 줍니다.

2 반 전체를 4개 팀으로 나누고 학생들은 팀 내에서 릴레이 순서를 정합니다.

3 칠판 앞 문제 상자 안에는 한 반 학생 수만큼의 문제를 미리 준비하여 넣어둡니다(단답형, 선다형, OX 퀴즈, 한 문장 쓰기 등).

4 문제 상자 앞에 팀별로 책상과 연필을 하나씩 둡니다.

5 릴레이 경주의 점수를 학생들에게 미리 공지하고, 릴레이 속도와 문제 풀이의 정확성이 모두 중요하다는 것을 알려줍니다. (예 : 릴레이 1등 - 5점, 릴레이 2등 - 3점, 릴레이 3등 - 1점, 문제 채점 후 틀린 문제마다 - 1점씩 감점)

6 선생님의 구령에 맞추어 각 팀의 첫 학생이 자신의 자리에서 출발합니다. 칠판 앞 문제 상자에서 문제를 하나 선택한 뒤 자신의 팀 책상에서 문제를 풉니다. 다 푼 문제는 책상에 둡니다.

7 문제를 푼 학생이 자리에 돌아와 앉으면 다음 순서의 학생이 출발할 수 있습니다.

8 모든 학생이 문제를 다 풀면 각 팀 책상에 있는 문제들을 다른 팀과 바꿔 3분 동안 답을 확인합니다. 이때 틀린 문제는 공개하지 않고 각 팀의 틀린 문제 개수만 공개합니다.

9 각 팀의 틀린 문제를 모아 반 전체가 함께 풀어봅니다.

10 점수를 확인하고 우승팀을 선정합니다.

+Plus Tips

- 〈문제 만들기〉 활동과 연계하여 학생들이 만든 문제를 가지고 릴레이 경주를 할 수도 있습니다. (예 : 전 차시의 수업 활동인 〈문제 만들기〉 활동을 이번 차시의 수업 활동인 〈문제 릴레이 경주〉에 활용하기)

- 활동 후 각 팀의 틀린 문제들을 선생님이 한꺼번에 모은 뒤 마무리 활동을 하면 틀린 문제에 대한 익명성이 보장됩니다. 또한 틀린 문제를 통해 함께 공부하는 기회를 갖는 것이 중요하다는 점을 강조하면 문제를 틀리는 것에 대한 학생들의 심리적 부담감을 줄여줄 수 있습니다.

31

교실 올림픽

———

⊛ 중   ⊟ 중   ⊡ 중간, 마무리   ⊡ 5~10분   ⊡ ×
⊠ 짝별로 2명씩   ⊜ 짝별로 활동지 1장
⊚ 집중력 및 흥미 향상, 학생 자기 평가

교실에서 벌어지는 올림픽에는 수영, 탁구, 축구 같은 종목은 없지만 대신 '엄지 싸움, 참참참, 묵찌빠, 무릎 씨름'처럼 짝끼리 할 수 있는 다양한 종목들이 있습니다. 이를 통해 수업 시간에 큰 준비가 없어도 짜릿한 승부를 맛볼 수 있는 재미있는 활동이 가능합니다. 학생들은 짝을 지어 승부를 겨룹니다. 각 종목의 우승자에게는 〈교실 올림픽〉 활동지에서 문제를 선택하고 풀 수 있는 권한이 주어집니다. 그리고 문제를 맞히면 자신의 점수가 올라가는 것이지요. 만약 문제를 풀지 못하면 상대편 선수에게 문제를 풀 기회가 넘어갑니다. 학습과 흥미의 두 마리 토끼를 다 잡을 수 있는 활동입니다.

활동 방법 🏃

1 수업 전 학습 내용과 관련된 문제들로 〈교실 올림픽〉 활동지를 만듭니다. 이때 문제의 형태와 수준을 다양하게 구성합니다.

2 미니 강의 후 짝별로 활동지를 한 장씩 나누어 줍니다.

3 학생들과 함께 올림픽 종목을 여러 가지 선정합니다. (예 : 가위 바위보, 엄지 싸움, 눈 씨름, 묵찌빠, 참참참, 무릎 씨름, 디비디비딥 등)

4 선정된 올림픽 종목 중 한 가지를 선택해서 짝과 함께 경기하고 이긴 학생이 활동지에서 원하는 문제를 선택한 후 풉니다.

5 정답이면 문제를 푼 학생이 점수를 가져갑니다. 만약 정답이 아니면 상대방 학생에게 문제를 풀 기회가 넘어갑니다.

6 이후 다른 종목을 골라 두 학생이 다시 대결을 펼칩니다.

7 활동지에 있는 문제를 다 풀면 점수가 더 높은 학생에게 보상합니다.

32

피트니스 주사위

⊛ 상　₪ 중　🏁 중간, 마무리　⏱ 10분　🖥 ×
🧑 팀별로 4명씩　🗂 팀별로 질문지와 활동지 1장씩, 주사위 1개
🎯 신체적 활동성 향상, 강의 내용 복습, 학생 자기 평가

〈피트니스 주사위〉 활동은 팀으로 진행됩니다. 우선 첫 번째 학생이 주사위를 돌려 나오는 숫자에 해당되는 체력 단련을 하고 같은 숫자의 문제를 활동지에서 찾아 해결합니다. 나머지 팀원들은 그 친구가 체력 단련을 성실하게 하는지, 문제를 잘 해결하는지 함께 점검합니다. 체력 단련과 문제 풀이를 통과하면 그 팀원의 점수가 올라갑니다. 만약 통과하지 못하면 나머지 팀원에게 문제를 풀 기회가 돌아갑니다.

활동 방법 🏃

1　각 팀에게 학습 내용에 관련된 12개의 질문을 담은 질문지와 〈피트니스 주사위〉 활동지, 주사위를 하나씩 나누어 줍니다.

2   팀 내 순서를 정하고 한 명씩 돌아가며 주사위를 던집니다.

3   주사위에 나온 숫자에 해당하는 체력 단련을 하고, 주사위 숫자에 해당하는 두 개의 질문 중 하나를 선택해 풉니다.

4   정답을 맞히면 그 팀원의 점수가 올라갑니다. 만약 틀리면 다음 순서의 팀원이 주사위를 돌립니다.

5   12개의 문제가 다 끝날 때까지 활동을 계속합니다.

6   팀에서 가장 점수가 높은 학생에게 보상합니다.

⚀	칠판까지 한 번 달려갔다 오기	문제 1번, 7번
⚁	푸시 업 두 번	문제 2번, 8번
⚂	팀 책상 세 바퀴 돌기	문제 3번, 9번
⚃	점핑 잭 네 번	문제 4번, 10번
⚄	제자리 뛰기 다섯 번	문제 5번, 11번
⚅	앉았다 일어나기 여섯 번	문제 6번, 12번

〈피트니스 주사위〉 활동지 예시

33

짝을 찾아라

◎ 중 ⬚ 중 🏁 중간, 마무리 ⏱ 10~15분 📖 ✕
👤 개인별 📝 학생 수만큼의 활동 문장(혹은 단어)
🎯 신체적 활동성 향상, 학습 내용 이해 명료화, 미니 강의 혹은 수업 마무리

학생들은 〈짝을 찾아라〉 활동을 통해 선생님이 제시하는 '짝의 조건'으로 학습을 하게 됩니다. 예를 들어 '상위 개념+하위 개념', '핵심 개념+부가 개념', '개념 설명+예시', '핵심어+정의', '중요 문장의 앞부분+중요 문장의 뒷부분', '영어 단어+예문', '수학 공식+예'처럼 조건을 제시하면서 각 학생에게 한 문장이나 한 문장의 일부분 혹은 단어를 나누어 줍니다.

제시된 조건으로 짝을 찾기 위해서 학생들은 배운 내용의 흐름과 세부 내용 등을 파악하고 있어야 합니다. 그래야 짝을 찾는 과정에서 상대방이 가진 문장 혹은 단어를 듣고 자신의 짝인지, 아닌지를 직관적으로 알아챌 수 있습니다. 이 과정을 통해 학생들은 학습 내용을 한 번 더 훑어보며 배움에 몰입하게 됩니다. 선생님은 학생들이 설명하는 이유가 타당하면 짝으로 인정해 줍니다.

신나는 음악과 시간 제한 혹은 짝으로 인정해 주는 인원에 제한을 두면 이 활동에 생기를 불어넣을 수 있습니다. 학생들이 활기차게 교실 앞뒤를 활보하며 자신의 짝을 찾을 수 있도록 오늘은 선생님이 커플 주선자가 되어보세요.

짝의 조건	개인 학생이 받는 〈짝을 찾아라〉 문장 혹은 단어
상위 개념 + 하위 개념	기단
	고위도, 저위도, 날씨, 지표
핵심 개념의 정의 + 예	물체의 속력과 운동 방향이 일정한 운동
	시간이 지남에 따라 속도가 변하는 운동
	무빙워크, 모노레일, 컨베이어 벨트
	엘리베이터, 번지점프, 공 던지기
핵심어 + 정의	민법
	spend
	개인과 개인 사이의 재산 관계나 가족 생활을 다루는 법
	You pay money for things you want.
핵심어 + 핵심어가 들어가는 문장	평등
	allow
	정의로운 사회를 실현하기 위해 모든 구성원에게 기본적인 권리를 _____하게 보장해야 한다.
	We do not _____ smoking inside the school.
중요 문장의 앞 부분 + 뒷 부분	식물 잎의 엽록체에서 광합성으로 만들어진 포도당은
	잎에서 사용되거나 일부가 녹말로 바뀌어 저장된다.

〈짝을 찾아라〉 활동 예시

활동 방법 🏃

1 수업 전에 짝의 조건을 결정하고 이에 맞게 학생 수만큼의 〈짝을 찾아라〉 활동 문장(혹은 단어)을 준비합니다.

2 활동 시간이 되면 우선 짝의 조건과 숫자를 학생들에게 제시합니다. (예 : 핵심 개념의 정의와 각 핵심 개념의 예를 가진 친구들을 찾으세요. 핵심 개념 1명과 예 4명입니다.)

3 모든 학생들에게 활동 문장(단어)을 나누어 줍니다.

4 학생들은 자신이 받은 종이를 열어 내용을 확인하고 자신이 어떤 내용을 가진 친구들을 찾아야 하는지 파악합니다.

5 활기찬 음악을 틀어주고 제한 시간은 음악이 끝날 때까지라는 것을 알려줍니다. 활동 시간은 상황에 따라 더 줄이거나 늘려줍니다.

6 제한 시간 동안 학생들은 교실을 돌아다니며 자신의 짝(들)을 찾습니다.

7 제시된 인원의 학생들이 모이면 선생님에게 가서 자신들이 짝인 이유를 설명합니다. 설명이 타당하면 짝이 됩니다.

+Plus Tips

- 짝인 이유를 설명하는 학생을 무작위로 선택한다는 것을 미리 알려주세요. 그래야 무임승차를 막을 수 있습니다.
- 빨리 통과하는 몇 팀을 선정한다고 하면 학생들의 열기가 달아오릅니다.

34

교실 비치 발리볼

———

⊛ 중　◉ 하　▣ 중간, 마무리　◔ 5~10분　▣ ×
⊛ 반 전체를 두 팀으로 나누기　◉ 문제 파워포인트 자료, 비치 볼 1개
◉ 신체적 활동성 향상, 강의 내용 복습, 수업 마무리

〈교실 비치 발리볼〉은 간단하게 두뇌와 신체의 활동성을 높여줄 수 있는 활동입니다. 선생님은 질문 몇 가지와 공만 준비하면 됩니다. 해변에서 들을 만한 배경 음악에 모래사장에서 하는 공놀이처럼 비치 볼을 준비하면 더 특별한 활동이 되겠지요.

학생들을 반으로 나눠 두 팀으로 만듭니다. 이제 두 팀은 발리볼, 즉 배구 경기를 하게 됩니다. 배구 경기 규칙처럼 공으로 상대방 팀을 공격하고 수비할 때는 공이 바닥에 떨어지지 않도록 해야 합니다. 만약 공이 바닥에 떨어져 수비에 실패했다면 공격에서 성공한 팀의 팀원 중 한 명이 문제를 풀 기회를 갖습니다. 문제를 맞히면 포인트가 올라가고, 틀리면 문제를 풀 기회가 상대팀에게 넘어갑니다. 생각이 필요한 문제라면 생각 나누기 활동과 연계하여 서로 협의를 하며 함께 공부하는 기회를 줄 수도 있습니다.

활동 방법 🏃

1 수업 전에 수업 내용과 관련된 퀴즈를 8~10개 정도 준비합니다. 문제를 다양한 수준으로 준비하세요.

2 한 반을 두 팀(오른쪽 분단, 왼쪽 분단)으로 나눕니다. 학생들은 자신의 자리에 앉아서 활동에 참여합니다.

3 공격팀은 앉은 상태에서 공으로 수비팀을 공격합니다.

4 공이 수비팀의 바닥에 떨어졌다면 공격팀 중 한 명이 제시된 문제를 풉니다.

5 만약 공이 수비팀 학생들의 책상 밖으로 나갔다면 공격 실패입니다. 따라서 수비팀에서 문제를 풀게 됩니다.

6 문제를 맞히면 포인트가 올라가고, 틀리면 상대팀에게 문제를 풀 기회가 넘어갑니다.

7 생각이 필요한 난이도 있는 문제라면 30초~1분 사이의 협의 시간을 주어서 팀원들이 함께 공부할 수 있도록 합니다.

8 준비된 퀴즈가 다 끝날 때까지 활동을 계속하고 이긴 팀에게 보상을 줍니다.

35

4코너 퀴즈

⊚ 상 ⊚ 상 ⊡ 마무리 ⊚ 15분 ⊡ × ⊚ 팀별로 4명씩
⊚ A~D 스테이션 표시 카드, 선다형 문제 파워포인트 자료, 운명의 컵
⊚ 활동성 향상, 수업 정리, 한 단원 마무리

교실에는 4개의 코너가 있습니다. 각 코너에 스테이션 A~D까지 학생들이 달려갈 구역을 지정합니다. 각 팀의 대표 학생들은 교실 한가운데에서 문제를 듣고 자신이 생각하는 정답이 적힌 스테이션으로 빠르게 달려갑니다. 정답이 맞으면 점수를 획득하고 그 획득한 점수를 합산해서 가장 높은 점수의 팀이 우승하는 활동입니다.

〈4코너 퀴즈〉는 팀별 활동이지만 모든 팀원이 팀을 대표해 나가서 문제를 풀어야 하기 때문에 개인 책임감이 생기고 학습에서의 무임승차를 방지할 수 있습니다. 또한 신체 활동을 통해 학습자의 뇌를 활성화시키는 즐거운 배움이 가능합니다.

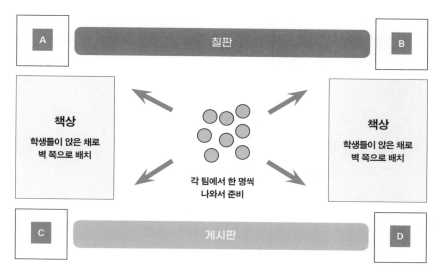

〈4코너 퀴즈〉 교실 배치

활동 방법 🏃

1 수업 전에 선생님은 학습 내용과 관련된 선다형 문제를 준비합니다. 이때 모든 문제의 보기는 A~D로 통일합니다.

2 1, 2분단은 교실의 왼쪽으로, 3, 4분단은 교실의 오른쪽으로 책상을 붙여서 앉게 하고, 교실 가운데에 빈 공간을 확보합니다.

3 교실의 각 코너에 A~D 스테이션 영역 카드를 붙입니다. 멀리서도 잘 보이도록 B4 사이즈로 출력합니다.

4 각 팀의 학생에게 1번부터 4번까지 번호를 부여합니다.

5 각 팀의 1번 학생이 교실 가운데로 나오면 선생님이 준비한 문

제를 파워포인트로 보여줍니다.

6 각 팀의 대표 학생들에게 문제를 읽을 시간을 조금 줍니다.

7 파워포인트 다음 슬라이드에 A~D의 보기를 제시합니다.

8 학생들은 선생님의 구호에 맞추어 자신이 생각하는 정답이 적힌 스테이션으로 뛰어갑니다.

9 정답을 맞힌 학생들에게 점수가 부여되고 팀별로 점수가 합산됩니다.

10 운명의 컵으로 전체 학생 중 한 명을 선정하여 문제와 정답에 대한 짧은 설명을 할 수 있도록 합니다. 설명이 알맞으면 그 학생의 팀에도 점수가 부여됩니다.

11 점수가 가장 높은 팀이 우승합니다.

⁺Plus Tips

- 가장 빨리 가는 학생에게 더 많은 점수를 주어야 게임이 지루해지지 않습니다.

- 나가서 뛰는 학생만 문제를 푸는 것이 아니라 모든 학생이 모든 문제를 머릿속으로 풀 수 있도록 유도해야 합니다. 각 문제가 끝날 때마다 운명의 컵으로 학생들 중 무작위로 한 명이 호명되고, 선정된 학생은 문제와 정답에 관해 설명해야 한다는 것을 미리 공지해 주세요. 그래야 활동 내내 학생들의 두뇌가 쉬지 않습니다.

- 전 시간 마무리 활동으로 선다형 문제 만들기를 진행한 후에 선생님이 학생들의 문제들 중 좋은 문제를 간추려 다음 시간에 〈4코너 퀴즈〉를 진행해도 좋습니다. 이때 선택된 문제를 만든 학생이 있는 팀에게는 추가 점수를 줍니다.

36

달려라, 달려!

⊗ 상　☺ 중　⊡ 마무리　⊙ 10분　⊠ ×　⊘ 팀별로 4명씩
🖻 분필(보드 마커) 3개, 문제 파워포인트 자료
☺ 활동성 향상, 수업 정리, 한 단원 마무리

〈달려라, 달려!〉는 수업 중 신체 활동을 통해 학생들의 스트레스를 낮춰주고 수업에 흥미와 학습 집중력을 높여주는 활동입니다. 우선 칠판을 세 구역으로 나눕니다. 분필(혹은 보드 마커)도 세 개만 준비합니다. 각 팀에서 한 명씩 나와 교실의 맨 뒤에서 준비하다가 선생님이 파워포인트로 문제를 보여주면 달려나가 분필을 잡고 칠판에 정답을 쓰는 팀이 점수를 획득하게 됩니다.

가장 빠른 세 명의 학생만 정답을 쓸 수 있기 때문에 학생들은 전력 질주를 해야 합니다. 그러나 신중함을 잃어서는 안 됩니다. 두 번 연속 오답을 적으면 해당 팀에 다음 기회가 사라지기 때문이지요. 다양한 과목에서 활용할 수 있고, 학습과 재미가 보장되는 즐거운 활동입니다.

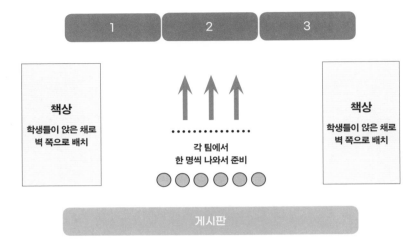

〈달려라, 달려!〉 교실 배치

활동 방법 🏃

1 칠판을 세 구역으로 나누고 각 구역에 분필(혹은 보드 마커)을 하
   나씩 둡니다.

2 1, 2분단은 교실의 왼쪽으로, 3, 4분단은 교실의 오른쪽으로 책
   상을 붙여서 앉게 하고, 교실 가운데에 빈 공간을 확보합니다.

3 교실 뒤쪽에 출발선을 긋습니다.

4 각 팀의 학생들은 순서를 정한 후 한 명씩 대표로 나와 출발선
   에 섭니다.

5 파워포인트 문제를 제시하기 전에 두 번 연속 오답을 적은 팀은

다음 문제에는 출전할 수 없다는 것을 알려줍니다. 그래야만 학생들이 문제가 나오자마자 무작정 뛰어나가지 않습니다.

6　선생님이 화면에 문제를 띄웁니다.

7　학생들은 선생님의 "달려!" 구호에 맞춰 칠판 쪽으로 뛰어가서 분필을 잡습니다.

8　가장 빨리 분필을 잡은 세 학생만 칠판에 정답을 적을 수 있습니다.

9　정답을 맞힌 학생의 팀에 점수를 부여합니다.

10　각 팀의 다음 순서 학생이 대표가 되어 같은 방식으로 다음 문제를 풉니다.

11　모든 문제가 끝난 후 우승팀을 선정합니다.

37

문제 눈싸움

⊛ 상   ⊚ 중   ℗ 중간, 마무리   ⊠ 10분   ▣ ×
⊛ 개인별 그리고 반 전체   ⊟ 개인별로 빈 종이 3장
⊚ 신체적 활동성 향상, 수업 마무리 정리

오늘은 겨울에 하는 눈싸움을 교실 안에서 해보겠습니다. 내가 낸 문제로 눈 뭉치를 만들어 눈싸움을 벌이는 〈문제 눈싸움〉입니다. 배움에 신체적 활동성과 흥미를 더한 활동으로, 학습한 내용으로 문제를 직접 만들면 학생의 배움이 더 단단해집니다.

우선 학생들은 학습 내용을 참고하여 개인당 3개의 문제를 만듭니다. 이때 "단답형, 선다형, 문장형 각각 1문제씩, 그중 생각을 요하는 문제는 1개 이상"과 같이 선생님이 문제 형태 및 수준을 정해 주면 좋습니다. 이런 문제 제작 과정은 그 자체로 학생들에게 좋은 학습 기회가 됩니다. 문제가 다 만들어졌으면 이제 눈을 뭉치고 신나게 놀 시간입니다. 신나는 음악을 들으며 학생들이 실컷 소리 지르고, 힘껏 눈을 던지게 해주세요. 그리고 선생님도 문제를 만들어 학생들과의 눈싸움에 동참해 보세요. 지루했던 수업 시간이 한바탕

신나는 놀이 시간이 되고, 선생님과 학생들의 유대감이 형성됩니다.

활동 방법 🏃

1 모든 학생에게 빈 종이를 세 장씩 나누어 주고 문제 출제 조건을 제시합니다.

2 학생들은 학습 내용과 관련된 문제를 3개 만든 후 종이 한 장에 1문제씩 적습니다. 각 문제에는 자신의 이름도 써넣습니다.

3 문제를 적은 종이를 눈싸움에 사용하는 눈덩이처럼 뭉칩니다.

4 선생님이 신나는 음악을 틀어주면 학생들은 문제 눈덩이로 눈싸움을 합니다. 자신의 자리 주변으로 온 눈덩이는 음악이 멈추기 전까지는 집어서 던질 수 있습니다.

5 선생님은 상황을 지켜보다가 갑자기 음악을 멈춥니다. 그와 함께 학생들도 모두 동작을 멈춥니다.

6 학생들은 자신의 책상 위나 자리 주변에 있는 눈덩이를 3개 주워 그 안에 있는 문제를 풀고 자신의 이름을 써넣습니다. 선생님도 눈덩이 3개를 잡아 문제를 함께 풀어봅니다.

7 이후 선생님은 답이 적힌 눈싸움 문제를 모두 걷어가서 수업 후 학생들의 답을 체크하고 간단한 피드백을 써줍니다.

8 좋은 문제 혹은 틀린 문제가 있다면 다음 시간에 복습 활동으로 다 함께 풀어봅니다.

38

OX 퀴즈

⊛ 중   ▨ 하   ▣ 중간, 마무리   ⏱ 5분   ▣ ✕
⊙ 개인별   ▤ 학습 내용 관련 진술문 5~7개
⊛ 신체적 활동성 향상, 이해 명료화, 수업 마무리

가끔은 재미는 있지만 위험 요소가 낮은 활동으로 모든 학생이 편안하게 참여할 수 있는 활동이 필요할 때가 있습니다. 이럴 때 사용하기 좋은 활동이 바로 〈OX 퀴즈〉입니다. 학생들은 제시된 진술문의 옳고 그름을 자신의 이해를 바탕으로 재빨리 판단한 후에 교실 안에 표시된 O, X 중 자신이 생각한 답으로 빠르게 찾아가면 됩니다. 미니 강의 사이에 분위기 전환이 필요할 때, 혹은 브레인 브레이커 활동에 활용해 보세요.

활동 방법 🏃

1   수업 전에 강의에 관련된 내용을 담은 간단한 진술문을 5~7개 준비합니다. 그중 몇 개는 옳은 문장, 몇 개는 틀린 문장으로 구

〈OX 퀴즈〉 교실 배치

성합니다.

2 모든 학생은 책상을 교실 뒤로 혹은 양옆으로 밀어 교실 한가운
데에 빈 공간을 만듭니다. 그리고 빈 공간을 반으로 나눠 왼쪽
에는 'O', 오른쪽에는 'X'를 적습니다.

3 선생님은 1번 진술문을 화면에 띄워 제시합니다. 학생들은 진
술문을 읽고 재빨리 판단하여 선생님의 구호에 따라 제시된 진
술문의 내용이 맞다고 생각하면 왼쪽, 틀렸다고 생각하면 오른
쪽으로 신속하게 움직입니다.

4 정답을 맞힌 학생들만 그다음 문제를 풀 수 있습니다.

5 활동의 중반쯤에는 패자부활전을 진행해서 탈락한 학생들에게
다시 도전할 기회를 줍니다.

6 마지막까지 살아남은 학생들에게 작은 보상을 합니다.

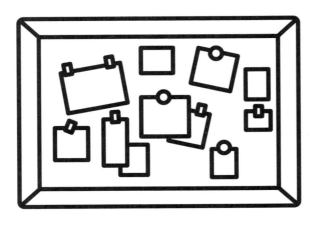

Part 5
학생들의 사고력을
키워야 할 때

39

HOT 질문 주사위

⊕ 하　⊙ 상　▣ 중간, 마무리　⊙ 10~15분　▤ ×
⊛ 팀별로 4명씩　▤ 팀별로 주사위 1개, 활동지 1장씩
⊛ 고등 사고력 향상, 학습 내용 정리

학습적으로 유의미하다고 해서 꼭 지루할 필요는 없겠지요. 학생들이 다양한 수준의 질문을 직접 만들고, 친구들이 만든 문제를 해결하는 과정 자체가 이미 학습이니까요. 학생들의 고등 사고를 활성화시키는 질문 만들기 활동, 학생들의 협력을 강조하는 모둠 활동, 그리고 흥미 요소인 주사위 돌리기까지 학습에 필요한 삼박자를 고루 갖춘 〈HOT 질문 주사위〉 활동을 소개합니다. 이 활동은 HOT(Higher Order Thinking, 고등 사고력) 질문으로 활동지를 만들고, 주사위를 굴려 해당 질문에 답을 하는 방식으로 진행됩니다. 평범한 질문 만들기 활동에 즐거움을 더해 주세요.

주사위	유형	질문의 예
⚀	기억	물체가 등속 운동을 하기 위한 조건은 무엇인가?
⚁	이해	자유 낙하 운동의 정의를 예를 들어 자신의 말로 표현하면?
⚂	적용	스카이다이빙을 할 때 중력을 받지 않는다면 속력에 어떤 변화가 있을까?
⚃	분석	– 같은 높이에서 야구공과 축구공을 떨어뜨렸을 때 동시에 바닥에 떨어지는 이유는 무엇인가? – 《동백꽃》에서 작가가 해학과 유머를 어떻게 효과적으로 표현했나? – 한국전쟁 이후의 사회 상황과 임진왜란 이후의 사회 상황에서 비슷한 점과 차이점은 무엇이 있나?
⚄	종합	– 자동차에 등속 운동의 특성을 활용할 수 있는 기술에는 무엇이 있을까? – 해수면 상승의 문제를 해결하기 위한 가장 좋은 대안은 무엇일까? – 입법, 행정, 사법부로 국가 권력이 균형 있게 분배되지 않는다면 우리 사회에 어떤 변화나 문제가 생길까?
⚅	판단	– 고령 사회를 대비하기 위한 해결책 중 가장 우선 순위가 되어야 할 것은 무엇인가? – 만약 내가 《개밥바라기 별》 작가라면 어떤 부분을 다시 쓰고 싶나? – 한 동그라미 안의 공간을 측정하는 방법은 얼마나 많을까?

〈HOT 질문 주사위〉 활동지 예시

유형			예시 활동
1	기억	저차원	목록 열거하기, 이름을 대기, 정의하기, 진술하기 등
2	이해	저차원	요약하기, 다른 말로 바꾸어서 표현하기, 비교하기, 묘사하기 등
3	적용	저차원	계산하기, 사용하기, 실제로 보여주기, 변형하기, 분류하기 등
4	분석	고차원	분석하기, 구조화하기, 추론하기, 구별하기, 대조하기 등
5	종합	고차원	계획하기, 설계하기, 가설 세우기, 도식화하기, 보고하기, 토론하기, 고안하기, 창조하기 등
6	판단	고차원	평가하기, 추정하기, 판단하기, 변호하기, 비판하기, 정당화하기 등

'Bloom 분류표'에 따른 사고 수준과 관련된 활동

활동 방법 🏃

1 수업 전에 'Bloom 분류표'의 각 6가지 유형과 관련된 질문을 두 개 이상 만들어 〈HOT 질문 주사위〉 활동지를 구성합니다.

2 각 팀에게 활동지 한 장과 주사위 한 개를 나누어 줍니다.

3 팀원들은 문제를 바로 풀지 않고 각 질문에 대한 생각을 스스로 정리하는 시간을 갖습니다.

4 팀 내 정해진 순서대로 돌아가며 주사위를 돌려서 질문을 선택하고 자신의 생각을 말합니다.

5 모든 팀원이 그 답변을 인정하면 통과입니다. 인정하지 않으면 함께 더 나은 대답이 되도록 의견을 나눕니다.

6 활동지에 있는 질문이 모두 해결되면 활동이 끝납니다.

7 각 문제별로 학생을 한 명씩 선정하여 반 생각 모으기 활동을 합니다.

⁺Plus Tips

• **교환 HOT 질문** 각 팀에서 직접 〈HOT 주사위 질문〉 활동지를 구성한 뒤 옆 팀과 나누어 가진 후 활동지에 있는 문제를 해결하는 〈교환 HOT 질문〉 활동으로 진행할 수 있습니다.

• **HOT 질문 직소(Jigsaw)** 각 팀이 구성한 HOT 활동지를 선생님에게 제출한 뒤 각 팀의 1~4번에 해당하는 학생들끼리 모여 각각의 직소팀을 구성하는 방법으로 진행됩니다. 각각의 직소팀에 HOT 활동지를 무작위로 한 장씩 나누어 주고 각 직소팀에서 문제를 해결한 학생이 포인트를 받습니다. 그리고 모든 문제가 해결되면 원래의 팀으로 다시 모여 포인트를 합산합니다. 가장 많은 포인트를 받은 팀이 우승하게 됩니다.

40

카로셀

⊛ 하 　⊜ 상 　⊞ 시작, 중간, 마무리 　⊙ 15분 　⊟ × 　⊡ **팀별로 4명씩**
⊜ **학습 내용과 관련된 질문이나 주제 혹은 핵심어, 팀별로 활동지 1장,**
서로 다른 색상 펜 1개씩 　⊚ **배경지식 활성화, 고등 사고력 향상, 학습 내용 정리**

'카로셀(Carousel)'은 회전목마, 혹은 공항의 컨베이어 벨트를 뜻합
니다. 공항에서 컨베이어 벨트 위로 캐리어들이 움직이듯이 교실에
서는 한 팀에서 또 다른 팀으로 〈카로셀〉 활동지가 움직입니다. 카
로셀 활동지는 학습 내용과 관련된 주제나 핵심어, 혹은 질문을 하
나 담고 있습니다. 각 팀은 그에 관해서 짧은 토론을 한 후 도출된
결론을 활동지에 작성합니다. 그리고 정해진 순서에 맞춰 다음 팀
에게 그 활동지를 전달하는 것이지요. 이렇게 컨베이어 벨트 위의
캐리어처럼 모든 팀을 돌고 나면 각 활동지에는 주제나 질문에 대
한 반 전체의 아이디어가 모두 담기게 됩니다.

이 활동을 통해서 학생들은 주어진 과제에 대해서 깊게 사고하고,
팀원들과 함께 서로 의견을 나누고 조율하면서 학습합니다. 이 활
동이 더 의미 있는 이유는 과제에 관한 다른 팀들의 아이디어를 살

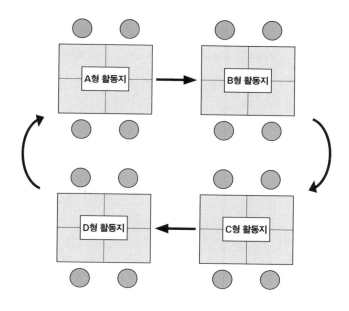

〈카로셀〉교실 배치 및 활동 예시

펴볼 수 있다는 점입니다. 또한 그 아이디어를 살펴보는 것에서 그치는 것이 아니라 아이디어를 보완할 수도, 혹은 수정할 수도 있다는 점이 이 활동의 백미입니다. 이 과정에서 학생들은 비판적이고 분석적인 사고 능력을 키웁니다. 즉 만들어진 지식 혹은 다른 사람의 의견을 받아들이기만 하는 수동적인 학습자가 아니라 새로운 생각을 생산해 내거나 자신만의 의견을 표현하고 발전시키는 적극적인 학습자가 될 수 있습니다.

학습지 A	학습지 B	학습지 C
< 현재 개발도상국에서 발생하는 인구 문제는 무엇인가?>	<인구감소의 주요한 원인은 무엇인가?>	< 출생률이 낮은 나라가 가진 문제점은 무엇인가?>

학습지 D	학습지 E
<노년층이 두터운 인구구조를 가진 나라의 문제점은 무엇인가?>	< 인구감소를 해소하기 위한 해결방안에는 무엇이 있을까?>

중학교 사회 〈카로셀〉 활동지 예시

활동 방법 🏃

1 학습 내용과 관련된 각기 다른 질문 및 주제, 핵심어 하나를 담은 〈카로셀〉 활동지를 각 팀에게 한 장씩 나누어 줍니다.

2 각 팀은 서로 다른 색깔 펜을 준비합니다.

3 정해진 시간 동안 각 팀의 학생들은 제시된 과제에 관한 다양한

생각과 정보를 나눈 후 의견을 종합하여 활동지에 적습니다.

4 주어진 시간이 지나면 다 함께 같은 방향으로 활동지를 다른 팀에게 전달하고, 다른 주제 및 질문이 적힌 카로셀 활동지를 반대 방향의 다른 팀에게서 전달받습니다.

5 활동지에 적힌 다른 팀들의 의견을 읽고 '동의/비동의' 여부를 정합니다.

6 동의하면 '동의'라고 적고, 동의하는 이유와 보충 설명을 적습니다. 만약 동의하지 않으면 '비동의'라고 적고, 그 의견에 관한 자신들의 이유나 근거, 혹은 새로운 의견을 작성합니다.

7 모든 활동지에 모든 팀의 의견과 아이디어가 모아질 때까지 활동을 계속합니다.

8 활동 후에 전체 학생과 선생님은 각 활동지를 함께 읽어보고 이에 관련된 생각을 나눕니다.

+Plus Tips

- 활동이 끝난 후 각 활동지를 후 교실에 게시하여 모든 학생들이 시간을 가지고 읽어볼 수 있게 하는 〈갤러리 워크〉 활동을 진행합니다.

- 의견을 작성하는 역할을 하는 학생을 매 활동지마다 바꿔주어서 모든 학생이 한 번씩 활동지에 쓸 수 있도록 해야 역할이 집중되는 것을 막을 수 있습니다.

- 실생활에서 자주 접할 수 있는 문제, 사회 현상, 시사적인 부분과 연계된 질문이나 주제로 학습지를 만들면 학생들이 더 적극적으로 참여합니다.

- 다양한 의견 생성이 활동의 목적일 경우 '동의/비동의' 과정은 생략합니다.

41

창의적 매트릭스

⚙ 하　　◉ 중　　🏁 시작, 중간, 마무리　　⏲ 15분　　🖥 ×

👤 팀별로 4명씩　　📄 창의적 매트릭스 미션, 팀별로 활동지 1장

🎯 고등 사고력 활성화, 브레인스토밍 활동, 한 단원의 정리

제한된 지식의 영역을 뛰어넘는 자유로운 발상은 학생들의 창의력을 키워줍니다. 또한 지식을 실생활에 적용해 보는 것은 수업에 대한 흥미를 높여주고 다른 영역까지 지식을 확대시키는 확산적 사고도 가능하게 해줍니다. 〈창의적 매트릭스〉는 바로 이런 효과를 기대할 수 있는 활동입니다. 생각의 한계를 자극하는 이 활동을 통해 학생들은 창의적인 아이디어를 떠올리게 됩니다.

선생님은 학습 주제와 관련된 다양한 조건들과 그 조건들로 해결할 미션을 하나 준비합니다. 그리고 그 조건들로 '매트릭스(행렬)'를 만들면 활동 준비는 끝입니다. 이제 각 팀에게 매트릭스에서 조건 몇 가지를 골라 불러주기만 하면 됩니다. 조건들의 조합이 언뜻 불가능하고 엉뚱하게 보이도록 제시하는 것이 이 활동의 핵심입니다. 그 엉뚱한 조건들로 미션을 해결하는 것이 학생들의 몫이기 때문

입니다. 이 과정에서 학생들은 적극적으로 자신의 배경지식과 경험들을 활용하고 다양한 관점에서 주제를 바라보게 됩니다. 또한 팀별로 미션을 해결하는 과정에서 학생들은 의사소통 능력, 사고력과 문제 해결 능력을 키울 수 있습니다.

조건에 맞는 다국적 기업 설립하기 (예) 팀1 : A1-B2-C1-D2 팀2 : A3-B4-C3-D1				
A. 상품	1. 식음료	2. 자동차	3. 패션	4. 전자
B. 본사	1. 미국	2. 중국	3. 한국	4. 스페인
C. 공장	1. 미국	2. 중국	3. 미얀마	4. 브라질
D. 배경	1. 노동력	2. 원자재	3. 기술	4. 소비자

중학교 사회 〈창의적 매트릭스〉 활동지 예시

조건의 표현을 모두 활용하여 영어 한 문단 쓰기			
A	1. should have	2. could have	3. would have
B	1. if	2. unless	3. whether
C	1. where	2. which	3. that
D	1. have been p.p	2. have p.p	3. have been ~ing

중학교 영어 〈창의적 매트릭스〉 활동지 예시

활동 방법 🏃

1 수업 전에 다양한 조건들을 담은 〈창의적 매트릭스〉 활동지를 만듭니다.

2 팀별로 활동지를 한 장씩 나누어 주고 미션을 제시합니다. (예 : 사회 – 조건에 맞는 다국적 기업 설립하기 / 영어 – 조건의 표현을 모두 활용하여 영어 한 문단 쓰기)

3 선생님은 팀별로 각각 다른 조건을 불러줍니다. (예 : 1팀 - 'A2-B3-C1-D4' / 2팀 - 'A1-B4-C2-D3')

4 각 팀은 조건에 해당하는 항목들을 활동지에서 찾아 조합한 후 주어진 미션을 수행합니다. 예를 들어 'A1-B2-C1-D2'의 조건을 받은 1팀은 '식음료(A1) / 중국(B2) / 미국(C1) / 원자재(D2)'인 조건에 맞는 다국적 기업을 만들고 그 기업의 설립 배경을 설명합니다.

5 제한 시간이 끝나면 팀별로 자신들의 미션 결과물을 발표하고, 모든 팀의 발표가 끝난 후 가장 창의적이거나 타당한 창의적 매트릭스 결과물을 투표해서 보상해 줍니다.

- 매트릭스를 미완성인 채로 제시하여 학생들과 함께 조건을 결정해서 매트릭스를 완성해도 좋습니다.

- 국어 시간에 창의적 글쓰기, 수학 시간에 개념 설명 후 문제의 조건 제시, 영어 시간에 단어 및 문법 학습 후 작문 활동 등에 활용할 수 있습니다.

- 매트릭스만 학생들에게 제시하고 각 팀이 직접 원하는 조건들을 골라 미션을 수행할 수도 있습니다. 예를 들어 팀원들끼리 상의하여 "우리 팀의 조건은 'A1-B3-C2-D4'로 결정했습니다. 즉 한국에 본사를 둔 식음료 제품 회사를 설립하고 한국 음식을 좋아하는 사람들(소비자)이 많은 중국에 공장을 세울 것입니다."처럼 자신들이 선정한 다국적 기업에 맞는 조건들을 찾아 다국적 기업의 창업 시나리오를 만들 수 있습니다.

- 〈창의적 매트릭스〉에서 제시된 상황에 부합되는 조건들을 골라보는 간단한 활동으로 변형할 수 있습니다. 예를 들어 "가장 효과가 있을 만한 다국적 기업의 조건은 무엇인가?", "가장 성과가 낮은 다국적 기업의 설립 조건은 무엇인가?", "애플사의 경영 조건은 무엇인가?", "후추 무역을 하는 17세기 영국 동인도 회사의 조건을 찾아보자." 등의 상황을 제시합니다. 팀별로 각 상황에 맞는 조건들을 매트릭스에서 찾고 그 이유를 발표합니다.

- 발표 대신 보고서 형식으로 만들어 교실 갤러리(앞, 뒤 게시판)에 게시하고 학생들이 직접 좋은 아이디어에 별표 스티커를 붙여 가장 잘 된 결과물을 선정할 수 있습니다.

42

네 개의 질문

⊛ 하　　⊜ 중　　⚑ 시작, 마무리　　⏱ 10분　　▣ ✕
👤 팀별로 4명씩　　📋 팀별로 활동지 1장
◈ 브레인스토밍 활동, 창의적·확산적 사고 유도

학생들이 학습 주제를 한 단계 더 넓고 깊게 사고할 수 있도록 돕는 활동이 바로 〈네 개의 질문〉입니다. 이 활동의 포인트는 네 번 연속해서 "왜" 혹은 "어떻게"라는 질문만을 던지는 것입니다. 이렇게 의도적으로 연속해서 제시되는 '왜 혹은 어떻게' 질문을 학생들이 직접 만들고 그에 따른 답을 스스로 도출하면서 애초에 도달하기 힘든 복잡한 과정이나 깊은 내용에까지 닿을 수 있습니다. 또한 열린 질문(Open questions) 형식을 통해 다양한 결과가 나오는 과정을 직접 경험하면서 학생들은 생각이 넓어지고 창의적으로 사고하게 됩니다.

선생님은 학습 주제에 따라 '왜 혹은 어떻게' 중 하나의 핵심 의문사를 우선 선택합니다. 그리고 그 선택된 의문사를 활용해서 1번 문제는 선생님이 미리 만들어줍니다. 그다음부터는 학생들의 몫입니다. 각 팀에서는 제시된 1번 질문에 대해 상의한 후 대답을 적습니다. 그리고 자신들이 작성한 1번 대답과 연계된 질문을 핵심 의문사를 활용해서 만들어 적습니다. 그리고 이렇게 만든 2번 질문에 알맞은 대답을 생각해서 적어보는 것입니다. 이런 식으로 질문을 이어 만들고 만들어진 질문에 답을 다 작성하면 활동이 마무리됩니다.

이 활동에는 정해진 답이 없습니다. 학생들이 서로 힘을 합쳐 지식과 경험을 활용해서 생각의 흐름을 만들어가면 됩니다. 이 과정에서 의도치 않은 아이디어가 생성되고, 복잡한 내용을 작게 나누어 생각을 구분 짓게 되면서 학생들의 사고 과정이 명료해집니다.

< 환경보호 How >

1. Q : 어떻게 환경보호 활동에 모든 사람들을 동참시킬 수 있을까?

   A : _____

2. Q : 어떻게 _____ ?

   A : _____

3. Q : 어떻게 _____ ?

   A : _____

4. Q : 어떻게 _____ ?

   A : _____

1번 문제는 제시

1번의 답에서 파생된 2번 질문 만들기

2번의 답에서 파생된 3번 질문 만들기

3번의 답에서 파생된 4번 질문 만들기

< 환경보호 How >

1. Q : 어떻게 환경보호 활동에 모든 사람들을 동참시킬 수 있을까?

   A : 모든 사람들에게 환경 보호의 중요성을 상기시킨다.

2. Q : 어떻게 모든 사람들에게 환경 보호의 중요성을 상기시킬 수 있을까?

   A : 환경파괴로 인해 고통받고 있는 사람들과 동물들에 관한 정보를 제공한다.

3. Q : 어떻게 사람들에게 정보를 제공할 수 있을까?

   A : 정보를 담은 짧은 공익광고를 만들어 사람들에게 TV를 통해 보여준다.

4. Q : 어떻게 공익광고를 만들까?

   A : 일반인들을 공모를 통해 공익광고를 모집하고 훌륭한 광고를 선별한다.

〈네 개의 질문〉 구성 원리와 활동지 예시

활동 방법 🏃

1 수업 전에 미리 〈네 개의 질문〉 활동지를 만듭니다.

2 각 팀에 활동지를 한 장씩 나누어 주고 학생들은 팀별로 학습 자료 혹은 배경지식 등을 활용하여 제시된 1번 질문에 대한 답을 1번 답란에 적습니다.

3 의문사를 이용해 1번 답변에서 파생된 질문을 만들어 2번에 적고 그에 대한 아이디어를 2번 답란에 적습니다.

4 동일하게 활동을 이어가 4번 질문과 대답까지 완성합니다.

5 팀별로 내용을 발표하며 생각 나누기 활동을 합니다.

+Plus Tips

- 사회나 과학 현상과 관련된 사회적 문제를 해결하는 방안에 대해서 알아보는 수업, 국어의 문학 작품에 나오는 사회, 문화 현상 파악하기 등의 수업에서 활용할 수 있습니다.

- 팀별 활동이 아니라 〈쓰기-짝-나누기〉와 연계하여 개별 활동으로 활용할 수 있습니다.

- 상황에 따라 〈다섯 개의 질문〉, 〈여섯 개의 질문〉 등으로 문제의 개수를 조절하여 지식이 충분히 확장될 때까지 활동을 진행할 수 있습니다.

- 팀별 활동지를 게시판에 게시하여 다른 팀원들의 피드백을 받거나 가장 결과물이 훌륭한 팀에게 스티커로 투표하는 활동을 해도 좋습니다.

- 새로운 학습 주제에 관한 브레인스토밍이 필요할 때에도 활용하기 좋은 활동입니다.

43

뜨거운 의자

⊛ 중 　 ⊜ 상 　 ⊡ 마무리 　 ⊙ 25~30분 　 ▣ ✕
⊛ 분단별 혹은 팀별로 8명씩 　 ⊜ 없음
⊛ 수업 및 단원 마무리 활동, 고등 사고력 향상

〈뜨거운 의자〉는 역할 놀이를 통해 학습 내용을 창의적으로 재구성하며 배움의 재미를 불러일으키는 활동입니다. 우선 학습 내용과 관련이 있는 인물을 설정합니다. 예를 들어 국어라면 문학 소설의 등장인물 중 한 명, 과학이라면 실험실의 과학자, 역사라면 한 시대의 왕 혹은 농민처럼 말이지요. 그리고 학생 중 한 명은 설정된 인물이 되고, 나머지 학생들은 그 인물에게 질문을 던지는 기자가 됩니다. 인물과 기자가 질문과 답변을 주고받으며 학생들은 자연스럽게 학습 주제에 대해 역할 토론을 하게 됩니다.

학생들은 이 활동을 통해 학습 내용에 저절로 몰입하게 됩니다. 또한 질문과 답변을 주고받는 과정에서 정보 습득은 물론 하나의 주제에 대한 다양한 관점을 탐험해 볼 수 있고, 팀워크, 의사소통 능력, 사고력, 창의력, 문제 해결력도 함께 키울 수 있습니다.

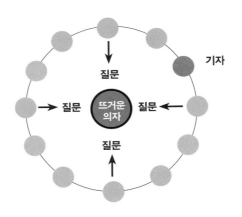

기자

질문

질문 ← 뜨거운 의자 → 질문

질문

〈뜨거운 의자〉교실 배치

활동 방법 🏃

1 각 팀에 학습 주제와 관련된 각기 다른 인물을 배정합니다. 그
리고 함께 상의하여 그 인물 역할을 맡을 팀원을 선정합니다.
(인물의 예 : 《춘향전》 1팀 - 향단, 2팀 - 변사또, 3팀 - 월매, 4팀 - 몽
룡 / 《글로벌 경제 활동》 1팀 - 1980년 농민, 2팀 - 2020년 농민, 3팀 -
2040년 농민 / 《지속 가능한 환경》 1팀 - 북극에 사는 북극곰, 2팀 - 한
국에 사는 중학생 영철, 3팀 - 미국 대통령, 4팀 - 인도 대통령 / 《더불
어 사는 세계》 1팀 - 스웨덴에 사는 시리아 난민, 2팀 - 난민을 반대하
는 스톡홀름 시민, 3팀 - 난민을 찬성하는 스톡홀름 시민)

2 팀별로 배정받은 인물과 상황에 대해 조사하고, 배정된 인물로
지명된 학생은 그 정보를 익힙니다.

3 각 팀은 다른 팀에 배정된 인물들에게 물어볼 도전적이고 흥미

로운 질문을 만듭니다.

4 일정 시간이 지난 후에 모든 학생들은 '기자' 자리에 동그랗게 앉습니다. 먼저 진행할 팀의 인물 역할에 선정된 학생은 한가운데에 마련된 '뜨거운 의자'에 앉습니다.

5 그 팀을 제외한 다른 팀 기자들은 뜨거운 의자의 '인물'에게 질문을 하고 그 인물은 질문에 맞는 답변을 합니다.

6 모든 팀의 인물 인터뷰가 끝날 때까지 활동을 진행합니다.

7 각 인물에 대해 반 전체의 생각 나누기를 진행합니다. 예를 들어 특정 인물의 역할을 맡은 학생에게 그 캐릭터가 되어보니 어떤 생각과 느낌이 들었는지, 그리고 나머지 학생들에게는 그 캐릭터의 동기는 무엇이었다고 생각하는지 등 사고를 확장시킬 수 있는 질문을 합니다.

⁺Plus Tips

- 국어 문학 작품의 등장인물, 사회·역사적 인물, 한 국가나 지역의 대표 인사, 과학 원리를 발견해 낸 과학자, 영어로 하는 역할극 등에 활용할 수 있습니다.

- '뜨거운 의자'에 앉아 있는 학생이 적절한 대답을 할 때마다 포인트를 주어서 가장 많은 포인트를 쌓은 팀이 우승하게 하는 팀별 게임 형식으로 진행할 수 있습니다.

- 반대의 상황으로 〈미스터리 뜨거운 의자〉를 진행할 수 있습니다. 뜨거운 의자에 앉아 있는 학생이 어떤 인물인지 나머지 학생들의 질문으로 알아내는 〈스무고개〉와 비슷한 활동으로 변형해서 활용해 보세요.

44

색상 카드 토론

⊛ 하 ⊜ 중 ⊡ 전개, 마무리 ⊠ 5분 ⊞ ○
⊛ 팀별로 4명씩 ⊞ 토론 주제, 팀별로 의견 색상 카드(빨강, 파랑) 2세트
⊛ 열린 사고 유도, 학습 주제 토론

열린 사고는 자신의 생각만 옳다고 주장하는 것이 아니라 다른 사람의 입장이 되어 생각해 보고 한 가지 현상을 다른 각도에서 바라볼 줄 알 때 형성됩니다. 〈색상 카드 토론〉은 학생들의 열린 사고를 촉진하고 다양한 각도에서 토론할 수 있도록 도와주는 활동입니다. 다른 색상 카드 활동에서는 내 생각을 먼저 결정하고 그에 맞는 색상 카드를 선택하지만, 이 활동은 색상을 먼저 고른 뒤 색상에 맞추어 생각하고 자신의 주장을 형성해야 합니다. 그리고 그 주장에 맞추어 토론을 통해 상대방을 설득하도록 노력합니다.

이 활동을 통해 학생들은 자신이 평소 생각하지 못했거나 보지 않았던 영역을 탐험할 수 있습니다. 하나의 상황에 다양한 입장이 존재할 수 있다는 점을 체험하는 것이지요. 이것은 학생들의 열린 사고를 위한 확실한 출발점이 됩니다.

4명의 학생이 모여 열띤 토론을 펼친 후 학생들은 자신이 원래 가졌던 의견과 색상 카드로 인해 임의로 주장을 펼치게 된 의견을 통해 제시된 주제에 관한 새로운 시각을 가지게 됩니다. 이를 글로 표현하도록 하면 수업 중 배우고 동시에 평가하는, 혹은 평가하면서 배우는 과정 평가의 취지에도 딱 맞는 활동이 되겠지요.

활동 방법 🏃

1 토론 주제 하나를 제시합니다.
2 각 팀에 빨강 카드(반대 카드) 2장, 파랑 카드(찬성 카드) 2장을 나누어 줍니다. 혹은 다양한 시각이 존재하는 주제라면 네 가지 색상의 카드 한 세트를 나누어 줍니다.
3 학생들은 책상 위에 카드 4장을 뒤집어서 섞어 둡니다.
4 선생님의 구호에 맞춰 모두 한 장씩 카드를 집어 자신이 선택한 의견을 확인합니다.
5 제한된 시간 동안 같은 색상의 카드를 선택한 학생들은 짝을 이루어 학습 자료, 배경지식, 경험 등을 활용하여 토론을 위한 논리를 구성합니다. 만약 네 가지 의견이라면 개인별로 각자 토론 준비를 합니다.
6 제한 시간이 끝나면 팀별로 〈색상 카드 토론〉을 진행합니다.
7 토론 후 주제에 대한 자신의 생각을 정리하고 노트에 적습니다.

45

문제 크리에이터

◎ 하   ◎ 중   ⚑ 마무리   ◎ 15분   ◎ ×
◎ 개인별 혹은 팀별로 4명씩   ◎ 개인별 문제 크리에이터 카드 5장씩
◎ 고등 사고력 향상, 학생 자기 평가, 단원 정리

문제를 만들어내는 것 자체가 학습 내용의 이해도와 사고력을 높이는 탁월한 액티브 러닝 활동입니다. 다양한 정보들의 위계를 파악하고 중요한 내용을 분석하고 적용하는 능력, 표현하는 능력 등 고차원적인 학습 능력을 키울 수 있기 때문입니다.

〈문제 크리에이터〉는 학생들이 직접 선생님이 되어 방금 학습한 이 단원에서 무엇이 중요한 부분이고, 또 어떤 형식으로 물어보는 것이 좋을지 스스로 판단한 뒤 실제로 문제를 만들어보는 활동입니다. 선생님이 만든 문제가 아니라 친구들이 직접 만든 문제를 해결하는 활동은 학생들에게 배움에 관한 주인 의식을 갖게 합니다. 또한 활동에 게임 요소가 가미되어 있어 학습의 즐거움 또한 놓치지 않습니다. 내가 만든 문제로 친구들이 공부도 하고 우승도 하는 짜릿한 경험을 하게 해주세요.

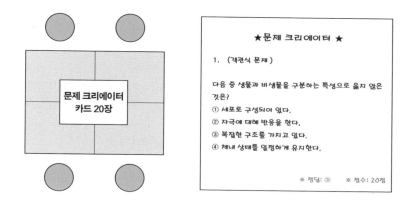

〈문제 크리에이터〉 팀별 책상 배치 및 카드 예시

활동 방법 🏃

1 개인별로 〈문제 크리에이터〉 카드를 5장씩 나누어 줍니다.

2 학생들은 카드 한 장당 한 문제를 만듭니다. 이때 선생님이 제시한 문제 형태(객관식, 단답형, OX 퀴즈, 문장 완성형, 고등 사고력)에 맞추어 문제를 만들어야 합니다. 그리고 카드 아래쪽에 답을 적는 것도 잊지 않습니다.

3 일정 시간이 지난 후 팀에서는 각 팀원이 만든 문제와 정답을 함께 검토합니다. 이때 선생님의 도움이 필요하면 물어볼 수 있습니다.

4 문제와 답에 오류가 없도록 깔끔히 정리한 후 20장의 문제 카드를 모아 옆 팀에 전달합니다. '1팀은 2팀에게, 2팀은 3팀에

게'처럼 전달하는 순서를 미리 정해 주세요.

5 팀별로 책상 한가운데에 옆 팀에서 받은 20장의 카드를 뒤집은 채로 쌓아놓습니다.

6 각 팀에서는 순서대로 한 명씩 돌아가며 맨 위의 문제 카드부터 한 장씩 들어 나머지 팀원에게 질문합니다.

7 정답을 아는 학생은 손을 들어 문제를 맞힙니다.

8 정답을 맞힌 학생이 그 카드를 가져갑니다. 혹시 정답이 아니면 나머지 팀원들이 다시 답을 맞힙니다.

9 20장의 문제가 모두 끝날 때까지 활동을 진행합니다.

10 가장 많은 카드를 획득한 사람이 우승합니다.

⁺Plus Tips

- 학생들에게 미리 문제를 구상해서 오라고 하면 문제 만드는 시간을 절약할 수 있습니다.

- 〈문제 크리에이터〉 카드를 만들 때 문제별로 점수에 차등을 두면 활동이 더욱 흥미진진해집니다.

- 활동 후에 "가장 재미있었던 문제", "시험에 실제로 출제될 것 같은 문제", "가장 어려웠던 문제", "함께 풀어봐야 할 문제" 등에 관해 생각 나누기를 하면 좋습니다.

46

또래 에디터

———

⊛ 하　⊜ 중　⊡ 마무리　⊙ 15분　▣ ○　⊗ 개인별 혹은 팀별로 4명씩
⊜ 팀별로 활동지 1장, 빨강, 파랑 및 다른 색 펜 1개씩
⊜ 사고력 향상, 단원 마무리

또래와 협동을 통해 글쓰기 활동의 부담을 줄여주고 학생들의 사고에 깊이를 더해 줄 수 있는 활동이 있습니다. 친구의 작품에 에디터 역할을 해주는 〈또래 에디터〉 활동입니다. 다른 사람의 글을 읽고 수정, 편집하는 활동을 통해서 글을 자세히 읽고 분석하는 능력이 향상됩니다. 그 과정에서 해당 주제에 관해 미처 몰랐던 정보나 새로운 시각도 얻을 수 있습니다. 또한 구체적으로 어떤 점을 인정해 주고 보충해야 할지 파악해 보면서 학생들은 학습 주제에 대해 더 깊이 이해하게 되고 쓰기 실력도 더욱 성숙해집니다.

글쓰기 작품의 결과물만 가치 있는 자료가 아닙니다. 친구들과 서로 도움을 주고받는 과정 자체가 이미 훌륭한 협동 학습이며, 친구들의 작품을 분석하고 수정해 주는 능력도 과정 평가의 좋은 자료가 될 수 있습니다.

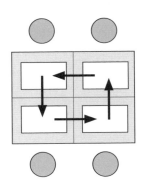

고등학교 영어 〈또래 에디터〉 활동지 예시 및 글 이동 방향

활동 방법

1 학생들에게 학습 주제에 관련된 논술 형태의 과제를 내줍니다. 혹은 전 시간에 미리 과제로 내주고 다음 시간에 완성된 글을 가져오게 해도 됩니다.

2 학생들은 자신의 과제를 책상 위에 올려놓습니다.

3 선생님이 첫 번째 신호를 보내면 학생들은 자신의 과제를 오른쪽 팀원에게 건네줍니다. 건네받은 글을 읽은 뒤 인상 깊거나 칭찬해 주고 싶은 부분들에 빨간색 펜으로 동그라미를 칩니다. 그리고 강점이나 칭찬할 점을 구체적으로 적어줍니다.

4 선생님이 두 번째 신호를 보내면 학생들은 가지고 있던 글을 자신의 오른쪽 팀원에게 건네줍니다(글 작성자로부터 오른쪽으로 두 번 이동). 건네받은 글을 읽고 글의 단점이나 이해가 되지 않는

부분에 파란색 펜으로 물음표를 그립니다. 그리고 왜 물음표를 썼는지에 대한 이유를 적습니다.

5 선생님이 세 번째 신호를 보내면 그 글을 또 오른쪽 팀원에게 건네줍니다(글 작성자로부터 오른쪽으로 세 번 이동). 건네받은 글의 물음표와 그 이유를 읽고 그 부분을 직접 수정한 뒤 그 문장에 별표를 그립니다(빨간색, 파란색을 제외하고 다른 색 펜으로 적습니다).

6 선생님이 네 번째 신호를 보내면 그 글을 다시 오른쪽으로 건네줍니다. 그러면 글쓴이가 자신의 글을 받게 됩니다.

7 학생들은 팀원들이 써준 의견을 읽어보고 자신의 판단에 따라 자신의 글을 마지막으로 수정합니다.

8 완성된 글을 선생님에게 제출합니다.

+Plus Tips

- 이 활동 후 최종 수정된 글을 걷을 때 〈또래 에디터〉 활동지와 함께 제출하게 합니다. '에디터'로서의 역할도 검토된다는 점을 알려주세요.

- 학생들이 이 활동을 처음 하게 되면 진행이 서투를 수 있습니다. 수정이 필요한 글을 예로 들어 활동의 과정을 자세히 소개해 주세요.

47

다이아몬드 랭킹 토론

⊛ 하 ⊜ 중 ⏸ 마무리 ⏱ 10~15분 ▥ ✕ ⧍ 팀별로 4명씩
⊜ 학습 내용에서 가장 중요한 문장 9개를 담은 파워포인트 자료, 운명의 컵,
팀별로 활동지 1장 ⊜ 사고력 향상, 이해 명료화, 수업 마무리

토론은 기본적인 학습 이해를 바탕으로 학생들의 고등 사고력을 쌓을 수 있는 훌륭한 액티브 러닝 활동입니다. 하지만 또 한편으로는 수업 중에 진행하기 까다로운 활동이기도 하지요. 선생님의 지도 없이 학생들끼리 그룹 토론 활동을 하면 대화의 방향을 잃기 쉽고, 토론을 통해 의도된 수업 성과를 내기까지 시간도 오래 걸립니다. 또한 모든 학생들을 토론에 적극적으로 참여시키는 것도 매우 어려운 일이지요.

〈다이아몬드 랭킹 토론〉은 일종의 안내 토론(Guided Discussion)입니다. 학생들끼리 그룹 토론을 해도 잘 진행될 수 있도록 미리 토론에 전제를 깔아주는 것이지요. 이 활동의 전제는 바로 랭킹, 즉 순위를 정하는 것입니다. 선생님의 역할은 학습 주제나 한 시간의 수업 내용에서 가장 중요한 문장 9개를 선정하는 것입니다. 혹은 문장 선

정도 학생들이 할 수 있습니다. 팀별로 모여 한 학생당 3개 문장을 선택한 후 4명이 선택한 총 12개 문장에서 9개를 선정하는 토론으로 이 활동을 시작하는 것이지요. 9개 문장의 중요도 순위를 결정하는 것이 이 활동의 핵심입니다.

"가장 중요한 문장 1개, 그다음으로 중요한 문장 2개, 중간 정도 중요한 문장 3개, 그보다 덜 중요한 문장 2개, 그리고 가장 덜 중요한 문장 1개"라는 다이아몬드 형태에 맞추어 순위를 정하는 것입니다. 순위를 정하는 과정이 자연스럽게 학생들의 사고를 자극하고 학생들 사이에 토론을 발생시킵니다. 팀원들은 각자 중요하다고 생각하는 문장이 다를 경우 자신의 주장에 근거를 들어 상대방을 설득합니다. 다른 사람의 말에 설득이 되거나 그 의견에 반박하고 새로운 결론을 도출되는 과정 자체가 토론인 것입니다.

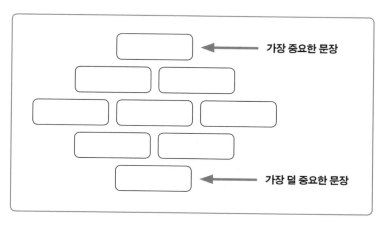

〈다이아몬드 랭킹 토론〉 활동지 예시

활동 방법 🏃

1. 학생들을 팀별로 나누고 각 팀에 〈다이아몬드 랭킹 토론〉 활동 지를 한 장씩 나누어 줍니다.

2. 학습 주제나 한 시간의 수업에서 가장 중요한 문장 9개를 선별 한 뒤 화면으로 학생들에게 제시합니다.

3. 학생들은 함께 토론하면서 9개 문장의 순위를 정하고 활동지를 작성합니다.

4. 모든 팀의 순위 선정 활동이 끝나면 몇 팀을 선정하여 순위와 그 이유를 발표하도록 합니다. 이때 운명의 컵으로 각 팀의 대 표 학생을 선정하면 토론 활동 동안 모든 학생들의 개인 책무성 을 높여주어 더 적극적인 참여를 유도할 수 있습니다.

5. 9개 문장의 순위 결정에 대해 반 전체와 마무리 생각 나누기를 합니다.

+Plus Tips

- 〈18. 생각-짝-나누기〉와 연계하여 팀 활동 대신 짝 활동으로 진행하면 개인 학생당 토론 참여 비율을 높일 수 있습니다.

- 의도적으로 9개 문장에서 한 문장을 제외하고 8개의 문장만 제시하여 학생들 의 역할을 키워줄 수 있습니다. 학생들은 의도적으로 제외된 중요한 내용을 가 진 하나의 문장을 학습 자료에서 함께 찾습니다. 그리고 난 후 9개의 문장을 가 지고 다이아몬드 형태에 맞춰 순위를 결정합니다.

48

뜀틀 질문 전략

⊛ 하　⊜ 상　🏁 마무리　⏱ 한 차시　📖 ×
👥 개인별 혹은 팀별로 4명씩　📋 수준별 질문
💡 고등 사고력 향상, 수업 마무리 정리

높은 뜀틀은 단번에 넘기가 어렵습니다. 그래서 뜀틀 앞에는 언제나 점프를 위한 튼튼한 발 구름판이 놓여 있습니다. 교실에서도 마찬가지입니다. 난이도 높은 개념의 이해를 돕기 위해 단계별로 발 구름판을 학생들에게 제공해 주는 것이 〈뜀틀 질문 전략〉 활동의 핵심입니다.

어려운 수업 내용을 나누어 세 번의 미니 강의 형식으로 수업을 진행합니다. 그리고 미니 강의 후 이어지는 활동 시간에 핵심 내용을 다루는 질문을 제시합니다. 여기에서의 질문은 바로 앞 강의뿐만이 아니라 이전 강의의 핵심 내용을 모두 포함해야 합니다. 동시에 질문의 수준도 차츰 올라가도록 구성합니다.

우선 첫 번째 활동 시간에는 주로 내용 암기(기억)와 관련된 기본 질문을 집중적으로 제시합니다. 이후 두 번째 활동 시간에는 앞선 두

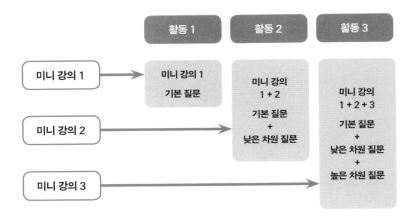

〈뜀틀 질문 전략〉 구성

번의 강의를 모두 포괄하는 기본 질문과 낮은 차원(이해, 적용)의 질
문을 던집니다. 마지막 세 번째 활동 시간에는 한 시간 동안 학습한
모든 강의 내용을 담은 문제를 제시합니다. 이때 기본 질문, 낮은 차
원의 문제, 그리고 높은 차원(분석, 종합, 판단)의 문제까지 골고루 포
함합니다. 학생들은 이 활동을 통해 선생님의 친절하고 세심한 가
이드에 따라 깊이 있는 배움에 닿게 될 것입니다.

활동 방법 🏃

1   수업 전에 어려운 개념에 관한 수준별(기억, 이해, 적용, 분석, 종합,
     판단) 질문을 미리 준비합니다.

2 첫 번째 미니 강의 후 활동 시간에 내용 암기(기억)와 관련된 기본 질문을 제시합니다.

3 두 번째 미니 강의 후 첫 번째 미니 강의 학습 내용을 포함하여 낮은 차원(기억~적용)의 질문을 제시합니다. 〈18. 생각-짝-나누기〉와 연계하여 학생들이 서로 의견을 나눌 수 있도록 합니다.

4 세 번째 미니 강의 후 앞선 모든 학습 내용을 포함하여 높은 차원(기억~판단)의 질문들을 제시합니다. 〈생각-팀-나누기〉로 팀 안에서 생각 나누기 활동을 합니다.

⁺Plus Tips

낮은 차원(기억~적용)의 문제만으로도 〈뜀틀 질문 전략〉 활동을 충분히 진행할 수 있습니다. 학습 내용, 학생 수준, 시간 제약과 같은 교실 상황에 맞춰 부담 없이 문제를 준비하세요.

49

토론 브리핑

⊛ 하 ⊟ 중 ⊡ 중간, 마무리 ⊠ 15분 ▣ ○

⊙ 개인별 그리고 팀별로 4명씩 ⊜ 토론 주제, 개인별로 활동지 1장

⊙ 이해의 명료화, 고등 사고력 향상, 수업 마무리 정리

토론의 백미는 상대방을 나의 의견에 동의하도록 설득하는 데 있습니다. 하지만 교실 안에서 진행되는 토론은 조금 다릅니다. 큰 관점에서 교실 안 토론의 진정한 의미는 학생 간 '생각의 교류'와 '생각의 변화'에 있습니다. 자신이 미처 생각하지 못했던 부분을 친구와의 토론을 통해 알게 되고, 그만큼 주제에 대한 각자의 생각과 시야가 넓어지게 되는 것이지요.

학생들이 토론 후 '브리핑'을 작성하면서 토론 전과 후로 생각의 변화를 스스로 깨닫게 되는 활동인 〈토론 브리핑〉을 소개합니다.

활동 방법 🏃

1   미니 강의 후, 혹은 수업 마무리 단계에서 토론 주제를 제시합

◆토론 브리핑◆

*다음 중 원하는 질문 2개를 선택하세요.

1. 토론 이후 나의 생각이 바뀐 부분은?
2. 가장 동의했던 주장을 펼친 팀원과 그 이유는?
3. 토론 내용 중 가장 동의할 수 없었던 부분은?
4. 토론을 통해 새롭게 알게 된 내용은?
5. 우리 팀 토론의 결론은?

1. _____
_____
_____
_____

2. _____
_____
_____
_____

〈토론 브리핑〉 활동지 예시

니다. (토론 주제 예시 : 가장 동의하는 혹은 동의하지 않는 부분은? / ~ 에서 가장 중요하다고 생각하는 부분은? / 이 사회에 미치는 긍정적인 혹은 부정적인 영향은? / 내가 생각하는 가장 좋은 결말은? / ~의 문제 에 대한 가장 적절한 해결책은?)

2 토론 전에 학생들은 학습 내용을 참고하여 주제에 대한 자신의 의견을 정리하는 시간을 갖습니다.

3 학생들은 팀별로 모여 각자 자신의 주장을 펼치며 토론 활동을 합니다.

4 모든 학생에게 〈토론 브리핑〉 활동지를 한 장씩 나누어 줍니다.

5 학생들은 활동지에서 원하는 질문 2~3개를 선택한 후 팀 토론

내용을 바탕으로 자신의 생각을 정리해서 쓰고 선생님에게 제출합니다.

6 활동지는 피드백 자료와 과정 평가 자료로 활용합니다.

50

생각 포스트잇

⑧ 하   ⑧ 중   🅟 마무리   ⓧ 20분   🅞 ○   ⑧ 개인별 그리고 팀별로 4명씩
🅒 학습 주제 관련 글쓰기 주제, 개인별로 포스트잇 8장과 활동지 1장씩
🅢 이해의 명료화, 고등 사고력 향상, 수업 마무리 정리

"학습 주제에 관한 짧은 글을 쓰세요."라는 선생님의 말은 학생들에게 결코 쉬운 과제가 아닙니다. 글쓰기 과제에 대한 부담을 낮추기 위해서는 주제에 대한 다양한 생각을 끄집어내는 법, 생각들을 정리해서 구조화하는 법에 대한 친절한 안내가 필요합니다.

여기 학생들이 자신의 생각을 글로 바꾸는 법을 부담 없이 연습할 수 있는 활동 한 가지가 있습니다. 포스트잇을 사용해서 자신이 가진 생각과 지식을 끄집어내고, 팀원들과 함께 포스트잇을 이리저리 옮겨가며 이를 구조화하는 〈생각 포스트잇〉이라는 활동입니다. 학생들은 팀원들과 함께 구조화한 생각을 글로 표현하는 과정을 연습해 보면서 글쓰기에 대한 부담을 낮추고 동시에 주제에 대한 이해도와 사고력을 키울 수 있습니다.

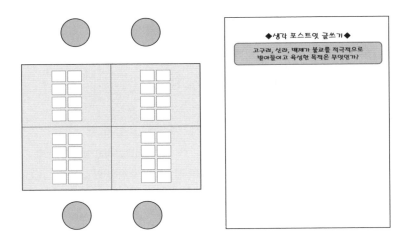

〈생각 포스트잇〉 활동 자리 배치 및 활동지 예시

활동 방법 🏃

1 수업 전에 학습 내용에 관련된 글쓰기 주제를 선정합니다.

2 미니 강의 후, 혹은 수업 마무리 단계에서 각 학생에게 포스트 잇 8장과 활동지를 한 장씩 나누어 줍니다.

3 제한 시간 동안 학생들은 학습 내용을 바탕으로 제시된 주제에 대한 지식과 생각들을 떠올립니다. 그리고 각각의 포스트잇에 하나의 아이디어를 담아 한 문장씩 적습니다. 가능한 한 8장 모두 작성합니다.

4 팀별로 모여서 팀원들의 생각이 담긴 포스트잇의 내용을 확인 합니다. 그리고 함께 논의하여 비슷한 내용, 생각, 지식을 담은

포스트잇끼리 모아 정리합니다.

5 팀별로 팀원 네 명의 책상을 모아두고 그 위에 모든 '생각 포스트잇'을 체계화하여 붙입니다. 이때 팀별로 상의하여 각 포스트잇 열의 맨 위쪽에 제목을 생각하여 적어보고 중요도 혹은 연관성 순으로 배열합니다.

6 이제 체계화된 생각 포스트잇의 도움을 받아 각 학생은 자신의 활동지에 주제에 대한 글쓰기를 하고 선생님에게 제출합니다.

7 활동지는 피드백 자료와 과정 평가 자료로 활용합니다.

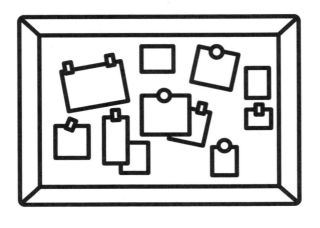

Part 6
브레인스토밍이
필요할 때

51

브레인 라이팅

⊛ 하　　⊜ 중　　⊙ 시작, 마무리　　⊙ 20분　　▣ ○

　　⊙ 팀별로 4명씩　　⊜ 개인별 활동지 1장

　　　⊜ 브레인스토밍, 단원 마무리

일반적인 브레인스토밍 활동의 단점을 개선하기 위한 〈브레인 라이팅〉 활동을 소개합니다. 다양한 아이디어를 생산하는 것과 함께 다른 사람의 아이디어를 발전시키는 데에 초점이 맞춰져 있어 아이디어의 양과 질을 모두 챙길 수 있는 효율적인 브레인스토밍 방법입니다. 글로 생각을 쓰는 활동이기 때문에 평소 말로 의사를 표현하는 것이 힘든 학생들도 수업에 적극적으로 참여할 수 있습니다. 참가자 전원이 참여하는 활동으로 은근슬쩍 무임승차하는 학생들이 발생하는 것도 방지해 줍니다.

〈브레인 라이팅〉 활동은 새로운 단원에 들어갈 때 브레인스토밍 활동을 대신해서 활용될 수도 있고, 학습 주제와 관련된 사회 현상이나 문제 등을 해결하기 위한 솔루션 찾기와 같은 단원 마무리 활동으로 쓰일 수도 있습니다. 혹은 HOT 질문을 제시하여 한 팀이 서로 생각을 조금씩 얹어 답을 완성할 때도 적용될 수 있겠지요. 학생들이 함께 만들어가는 깊이 있는 사고 활동, 쓰기 활동인 〈브레인 라이팅〉으로 수업의 수준을 높여보세요.

	사이버 폭력을 예방하기 위해 청소년이 할 수 있는 실질적인 방안을 생각해 보자.		
	아이디어1	아이디어2	아이디어3
현준	상대방의 글이나 사진을 사이버상에 올리기 전 미리 동의를 구한다.	악플을 남기지 않는다.	학교에서 적절한 온라인 활동에 대한 토론을 한다.
유진	동의를 받지 않은 자료는 온라인에 올리지 않는다.	댓글을 남길 때는 타인의 감정을 생각해서 바르고 고운 말을 사용한다.	공감 능력을 키우기 위해 학교에서 꾸준히 학생들의 사회성을 교육해야 한다.
준용			
지우			

유진이가 현준이의 아이디어를 읽고 떠오르는 생각을 발전시켜 작성

중학교 도덕 〈브레인 라이팅〉 활동지 예시

활동 방법 🏃

1 〈브레인 라이팅〉 주제 및 질문을 하나 제시합니다.
2 학생들은 팀별로 나누어 앉고, 각 학생은 활동지를 받습니다.
3 3분 동안 모든 학생들은 제시된 주제 혹은 질문에 대해 생각을 한 후 첫 행에 자신의 아이디어를 3가지 적습니다. 3분이 지나면 옆 사람에게 자신의 활동지를 전달합니다.
4 3분 동안 앞 사람이 적은 아이디어를 읽고 떠오르는 생각을 첨가하거나 앞 사람의 아이디어를 개선해서 기존의 아이디어를 발전시킨 후 다음 행에 적습니다. 만약 아이디어를 발전시키기 힘들다면 새로운 아이디어를 써도 좋습니다. 3분이 지나면 옆 사람에게 활동지를 전달합니다.
5 동일한 방식으로 옆 사람에게 계속 전달하여 세 사람의 생각을 거쳐 기존의 아이디어를 발전시킵니다.
6 활동지를 돌려받은 후 자신의 아이디어가 팀원들에 의해 어떻게 발전했는지 점검합니다. 그리고 참신한 아이디어, 동의하지 못하는 아이디어 등을 선정합니다.
7 팀별로 모여서 자신의 생각을 바탕으로 생각 나누기 활동을 합니다.

52

뒤범벅 – 짝 – 나누기

⊛ 중　☺ 하　🏳 시작, 전개, 마무리　⏱ 5분　🖥 ○
👤 개인별　📦 운명의 컵
🎯 학습 주제 브레인스토밍, 생각의 명료화, 생각 나누기

〈18. 생각-짝-나누기〉 활동에 신체적 움직임이 가미된 〈뒤범벅-짝-나누기〉는 학생들에게 임의로 짝을 지정해 주는 것이 아니라 학생들이 직접 교실을 돌아다니며 짝을 찾아 생각을 나누는 활동입니다. 이를 통해 학생들은 다양한 친구를 만나 생각을 교류할 수 있고, 신체적 활동성으로 수업에 생기가 돕니다. 활기찬 배경 음악을 깔아주는 선생님의 작은 배려가 학생들의 배움의 순간을 더 행복하게 만들어줍니다.

활동 방법 🏃

1 학생들에게 학습 주제어를 제시하거나 주제에 관련된 질문을 합니다.

2 학생들에게 제시된 주제에 대해 자신의 생각을 정리할 시간(1분 내외)을 줍니다.

3 신나는 배경 음악을 틀어줍니다. 학생들은 교실을 마음껏 돌아다니며 선생님이 음악을 멈추는 순간 가장 가까이 있는 친구와 짝을 맺습니다.

4 짝이 된 두 학생은 의견을 나누거나 주제에 관련된 가능한 한 많은 아이디어를 함께 만듭니다.

5 선생님이 다시 음악을 틀면 두 학생은 헤어져서 새로운 짝을 찾습니다.

6 선생님의 계획에 따라 새로운 짝을 찾아 생각을 나누는 활동을 반복합니다.

7 활동 후 운명의 컵으로 선정한 몇몇 학생들에게 구체적으로 누구와 어떤 의견을 나누었는지, 활동 후 생각에 어떤 변화가 있었는지를 물어봅니다.

⁺Plus Tips

- 새로운 짝을 만날 때마다 새로운 주제나 질문을 제시하면 이 활동으로 학생들이 다양한 주제에 관해 생각을 나눌 수 있습니다.
- 이 활동 후 학습 주제에 대한 다양한 아이디어와 그에 관한 자신의 생각을 정리해서 쓰는 활동을 추가하면 과정 평가 자료로 활용할 수 있습니다.

53
즉석 그림

⊛ 하   ⊜ 하   ⊞ 시작, 전개, 마무리   ⊚ 10분   ⊠ ×
⊛ 개인별 그리고 팀별로 4명씩   ⊜ 개인별 활동지 1장
⊛ 학습 주제 브레인스토밍, 생각의 명료화, 개별화 학습

교실은 다양한 학습 스타일과 멀티 지능을 가진 학생들로 가득한 공간입니다. 따라서 말하고 쓰는 것 이외에 다양한 학습 스타일을 충족하고 멀티 지능을 자극할 수 있는 다양한 활동들을 제시하는 것은 선생님의 의무 중 하나일 것입니다.

〈즉석 그림〉은 그리기 활동입니다. 물론 미술 시간이 아니기 때문에 그림을 잘 그려야 할 필요는 없습니다. 다만 학생들이 자신의 생각을 말하기, 쓰기 이외의 다른 수단으로 표현하는 기회를 갖는 것 자체가 중요하지요. 이 활동을 통해 학생들은 사고력뿐 아니라 창의력, 표현력도 기를 수 있습니다. 또한 그림으로 정보를 표현하고 그리는 과정을 통해 정보 보유력이 향상되는 효과도 볼 수 있습니다.

활동 방법 🏃

1 학생들에게 그림으로 표현할 주제 하나를 제시합니다. (예 : 도덕 – 정보화 시대에 발생하는 도덕적 문제를 그림으로 표현 / 과학 – 화학 반응에서의 에너지 출입을 그림으로 표현 / 영어 – 본문의 주제, 혹은 배운 문법 표현이나 새로운 어휘를 그림으로 표현 / 국어 – 문학 작품을 재구성하고 그림으로 표현)

2 모든 학생들에게 〈즉석 그림〉 활동지를 나누어 줍니다.

3 학생들이 주제에 대해 생각을 하고 그림으로 구상할 시간을 줍니다.

4 학생들은 생각할 시간이 끝난 후 5분 동안 주제를 그림으로 표현합니다.

5 제한 시간이 끝나면 팀별로 모여 각 학생들은 주제에 관해서 자신이 왜 이렇게 표현했는지 설명합니다. 팀별로 해당 주제를 잘 표현한 작품을 선정해서 교실 벽에 게시합니다.

⁺Plus Tips

- 다양한 핵심 주제를 선정하여 팀별로 다른 주제를 나누어 주고 활동을 한 후 각 팀에서 하나의 작품을 선정하여 발표하는 형식으로도 진행할 수 있습니다.

- 각각의 학생이 스스로 학습 내용 중 다루고 싶은 하나의 주제어를 선정해서 그림을 그린 후 팀 안에서 팀원들의 그림을 보고 주제어를 맞히는 게임으로 변형시킬 수 있습니다.

54

K-E-W 차트

⊛ 하　⊜ 하　⊡ 시작　⊙ 5분　⊟ ×
⊚ 개인별 혹은 팀별로 4명씩　⊜ 개인별 활동지 1장
⊜ 학습 주제 브레인스토밍

모든 위대한 일은 하나의 작은 발자국으로부터 시작하지요. 새로
운 단원에 들어가기에 앞서 'K-E-W 차트'를 나누어 주세요. 이를
통해 학생들이 새로운 주제에 작은 발자국을 찍을 수 있도록 해주
세요.

'K'는 'know', 즉 자신이 새로운 학습 주제에 대해 이미 알고 있는
것을 일목요연하게 정리하는 부분입니다. 주제와 관련된 배경지식
을 활성화시켜 학생들은 새로운 주제에 익숙해질 수 있습니다. 'E'
는 'expect to know'로 해당 단원에서 과연 무엇을 배울 것인지
상상하여 적어보는 곳입니다. 학생들은 단원의 제목을 통해 어디까
지 추측이 가능한지 스스로 시험해 볼 수 있습니다. 마지막으로 'W'
는 'want to know', 즉 새로운 단원의 주제와 관련해서 자신이 꼭
배우고 싶은 것 혹은 평소에 관심을 가지고 있던 부분을 생각해서

정리해 보는 곳입니다. 주제에 대한 호기심을 일깨워 배움에 흥미를 느끼게 할 수 있습니다.

이 〈K-E-W 차트〉 활동으로 학생들이 새롭게 배울 내용에 대해 구체적으로 브레인스토밍할 수 있도록, 그래서 한 단원을 흥미와 자신감을 가지고 시작할 수 있도록 해주세요.

K(이미 알고 있는 것)	E(배울 것이라고 예상되는 것)	W(알고 싶은 것)

〈K-E-W 차트〉 활동지 예시

활동 방법 🏃

1 〈K-E-W 차트〉 활동지를 나누어 줍니다. (예 : 중학교 영어 《Wonders of Space Travel》- '우주여행'과 관련된 K-E-W 차트 / 고등학교 과학《신소재 개발과 활용》- '신소재'와 관련된 K-E-W 차트 / 고등학교 한국사《일본의 침략 확대와 국권 수호 운동》- '일본의 침략에 맞선 국권 수호 운동'과 관련된 K-E-W 차트 / 중학교 도덕《타인과

의 관계》 – '일상생활 속의 폭력'과 관련된 K-E-W 차트)

2 선생님은 한 단원의 제목만 제시합니다.

3 차트의 'K', 'E', 'W'가 무엇인지 학생들에게 설명합니다.

4 학생들은 주어진 시간 동안 제목과 관련하여 알고 있고, 연상되고, 배우고 싶은 것을 생각해서 차트에 정리합니다.

5 차트 정리가 끝나면 팀별로 생각을 나눕니다.

6 반 전체가 함께 〈K-E-W 차트〉에 관한 생각 나누기 활동을 합니다.

⁺Plus Tips

학생들의 〈K-E-W 차트〉를 걷어 가서 그 단원의 수업을 계획할 때 활용하면 좋습니다. 학생들이 이미 대부분 알고 있는 요소에는 적은 시간을 배분하고, 학생들이 알고 싶어 하는 내용들은 수업 시간에 보충합니다.

55

K-E-E 차트

ⓐ 하 ⓑ 하 ⓟ **시작** ⓣ **5분** ⓜ ×
ⓐ **개인별 혹은 팀별로 4명씩** ⓑ **개인별 활동지 1장**
ⓨ **학습 주제 브레인스토밍**

'K'는 'know'로 이미 알고 있는 것, 'E'는 'expect to know'로 배울 것이라고 예상되는 것, 마지막 'E'는 'experience', 즉 학생이 실생활에서 경험한 것을 적는 공간입니다. 자신이 직접 경험하거나 실제 생활에서 발견할 수 있는 지식은 학습 동기를 높이고 학습의 참여를 높입니다.

〈K-E-E 차트〉로 학생들이 새롭게 배울 주제와 관련된 자신의 경험을 떠올리고, 주변에서 일어나는 현상을 바라볼 수 있게 해주세요.

활동 방법 🏃

1 〈K-E-E 차트〉 활동지를 나누어 줍니다. (예 : 중학교 도덕《정보통신 매체의 올바른 사용 태도》 - '정보통신 매체의 올바르지 못한 사용

K(이미 알고 있는 것)	E(배울 것이라고 예상되는 것)	E(경험한 것)

〈K-E-E 차트〉 활동지 예시

태도'와 관련한 경험 및 실제 생활에서 벌어지고 있는 일들 K-E-E 차트 / 중학교 국어《비판적으로 듣고, 매체로 표현하고》 - '비판적으로 들은 후 매체로 표현'한 경험 K-E-E 차트)

2 한 단원의 제목 혹은 주제만 제시합니다.

3 차트의 'K', 'E', 'E'가 무엇인지 학생들에게 설명합니다.

4 학생들은 주어진 시간 동안 제목이나 주제와 관련하여 알고 있고, 연상되고, 경험한 것을 생각해서 차트에 정리합니다.

5 차트 정리가 끝나면 팀별로 생각을 나눕니다.

6 팀별로 주제와 가장 연관된 경험이나 가장 인상적인 경험을 발표합니다.

⁺Plus Tips

생각의 물꼬를 트기 위해서 선생님이 먼저 주제와 관련된 자신의 경험이나 사회적 현상, 이슈에 대해 이야기해도 좋습니다.

56

단어 결투

◎ 하　◎ 하　⑰ 시작　◎ 5분　📱 ×
👥 팀별로 4명씩　📄 개인별 활동지 1장
💬 학습 내용 브레인스토밍, 흥미 유발

'환경 보호' 하면 어떤 단어가 떠오르나요? '재활용, 생태계, 대기 오염, 환경부, 의무' 등 많은 단어가 떠오를 것입니다. 네 명의 생각이 모이면 중복되는 단어들도 있겠지만 내가 미처 생각하지 못했던 새로운 단어들도 알게 되겠지요. 이렇듯 〈단어 결투〉는 새로운 단원에 들어가기에 앞서 배경지식을 활성화시키는 좋은 브레인스토밍 활동입니다. 약간의 경쟁 요소로 인해 학생들이 흥미진진하게 집중할 수 있습니다.

선생님은 새로운 단원의 제목이나 주제어를 제시합니다. 학생들은 제목 혹은 주제어로 연상되는 단어들을 가능한 한 많이 떠올립니다. 그 단어들이 자신을 지켜줄 무기이자 방패입니다. 주제로 연상된 단어들로 학생들은 서로 공격하고 방어하면서 저절로 학습 주제에 즐겁게 몰입하게 됩니다.

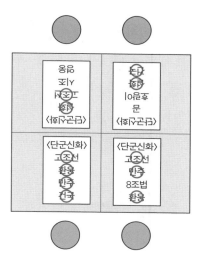

〈단어 결투〉 활동 예시

활동 방법 🏃

1 모든 학생들에게 〈단어 결투〉 활동지를 나누어 줍니다.

2 학습 단원의 제목이나 주제어를 제시합니다.

3 학생들은 주어진 시간 동안 제목이나 주제어에서 연상되는 단어를 떠올리고 활동지에 전부 적습니다.

4 일정한 시간이 지난 뒤 각 팀은 단어를 말할 순서를 1번부터 4번까지 정합니다.

5 1번 학생부터 자신의 활동지에서 한 단어를 선택해 말합니다.

6 나머지 팀원들은 자신의 활동지에 그 단어가 있으면 동그라미를 칩니다.

7 그다음 학생이 자신의 활동지에서 동그라미를 치지 않은 단어들 중 한 단어를 말하고 나머지 학생들은 자신의 활동지에 그 단어가 있으면 동그라미를 칩니다.

8 마지막까지 단어를 말할 수 있는 팀원, 즉 동그라미를 치지 않은 단어가 활동지에 마지막까지 남아 있는 사람이 우승입니다.

⁺Plus Tips

- 주제와 관련 여부가 애매한 단어는 조원들과 상의해서 결정합니다.

- 반 전체가 순서대로 돌아가며 〈단어 결투〉 활동을 해도 좋습니다.

- 팀에서 모든 학생이 공통적으로 적은 10단어를 선정해 보세요. 학습 주제를 끌어내는 데 도움을 줄 수 있습니다.

- 팀별로 다른 팀에는 없을 것 같은 독특한 단어 1~2개를 선정해서 발표해도 재미있습니다.

57

한마음! 줄줄이 말해요

⊕ 하　⊜ 하　ⓟ 시작, 마무리　⏱ 5분　▣ ✕
ⓢ 반 전체　ⓑ 운명의 컵
ⓖ 학습 주제 브레인스토밍, 학습 내용 마무리

만약 학습자가 어떠한 주제를 배우기 전에 상당히 많은 정보를 이미 알고 있다면, 그리고 그 정보들을 학습자들이 서로 공유한다면 당연히 그 주제에 대한 이해도가 높아지겠지요? 여기 학생들의 배경지식을 활성화시키고 함께 공유하도록 유도하는 브레인스토밍 활동이 있습니다. 〈한마음! 줄줄이 말해요〉를 통해서 학생들은 자신의 기억 저편에 있는 배경지식, 그리고 자신의 오래된 경험에 숨겨진 정보들까지 꺼내게 될 것입니다.

우선 선생님이 주제 하나를 제시합니다. 학생들은 그 주제와 관련이 있는 단어, 연상되는 단어를 떠올려 모두 적어봅니다. 일정 시간이 지난 후 선생님이 숫자를 칠판에 적습니다. 예를 들어 '50'이라고 적었다면 학생들은 순서대로 돌아가며 막히는 학생 없이 주제와 관련 있는 단어들을 50개 이상 말해야 합니다. 한 반의 모든 학생들이 합심해서 50개가 넘는 단어를 제시하면 학생들이 우승, 그렇지 못하면 선생님이 우승입니다. 선생님을 이기겠다는 의지로 학생들은 한마음으로 대동단결합니다.

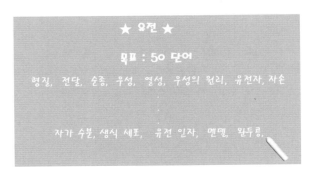

중학교 과학 〈한마음! 줄줄이 말해요〉 활동 예시

활동 방법 🏃

1. 새로운 단원의 제목이나 이미 학습했던 주제를 제시합니다.
2. 학생들은 주어진 시간 동안 주제와 관련되어 있거나 연상되는 단어들을 떠올려 개인 노트에 적습니다.
3. 노트에 적은 단어를 1분간 학습한 뒤 노트를 덮습니다.
4. 활동 전 선생님과 미리 단어 개수를 설정합니다. 예를 들어 30개를 설정하면 관련 단어를 30개 이상 학생들이 줄줄이 말해야 학생들이 우승합니다.
5. 선생님은 운명의 컵으로 대답할 학생을 선정합니다.

6   선정된 학생은 3초 안에 단어를 말하고 선생님은 칠판에 그 단
    어를 적습니다. 학생은 이미 칠판에 적혀 있는 단어는 말할 수
    없습니다.

7   만약 주제와의 개연성이 떨어지는 단어가 나왔다면 선생님은
    단어를 말한 학생에게 설명을 요구합니다.

8   목표한 단어의 개수를 넘기면 학생들이 우승, 그렇지 않으면 선
    생님이 우승입니다.

⁺Plus Tips

- 활동 전에 학생들과 선생님이 원하는, 그리고 학생들이 원하는 우승 상품에 대
  해 이야기해 보세요. 활동에 대한 집중도가 더 높아집니다.

- 대답할 학생을 선정하는 방법은 두 가지입니다. 우선 선생님이 선정하는 분단
  의 학생들이 돌아가며 줄줄이 말하고 끝나면 선생님이 다른 분단을 선정합니
  다. 이 경우 활동의 진행 속도가 빠르며 학생들이 단어를 말하기 전에 마음의
  준비를 할 수 있습니다. 두 번째 방법은 운명의 컵으로 학생을 선정하는 것입니
  다. 이 경우에는 긴장감과 집중도가 높아집니다.

- 〈연상! 줄줄이 말해요〉 활동으로 변형하여 진행할 수 있습니다. 학생들은 주제
  에서 연상되는 단어가 아니라 앞 친구가 말한 단어에서 연상되거나 직접적인
  관련이 있는 단어를 생각해서 말해야 합니다.

58

대결! 줄줄이 말해요

⊛ 하　◎ 하　⊠ 시작, 마무리　⊠ 5분　▣ ×
⊛ 한 반을 두 팀으로 나누어 진행　◈ 없음
⊙ 학습 주제 브레인스토밍, 학습 내용 마무리

〈57. 한마음! 줄줄이 말해요〉를 선생님과 반 전체의 대결이 아니라 팀 대결로 진행할 수 있습니다. 반 전체를 두 팀으로 나누어 〈대결! 줄줄이 말해요〉를 진행하는 것입니다. 기본적인 활동 과정은 비슷하지만 양 팀이 돌아가며 한 번씩 단어를 말할 기회를 갖게 된다는 것이 다릅니다. 이 활동에서는 목표 단어 개수를 제시하지 않습니다. 어느 팀이든 먼저 대답이 막히는 팀이 지게 되기 때문입니다.

활동 방법 ⚹

1   칠판에 브레인스토밍의 주제를 적습니다.
2   학생들은 1분 동안 주제에서 연상되는 단어들을 개인 노트에 적습니다.

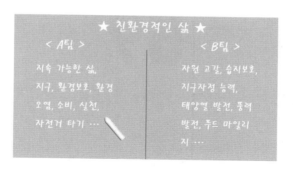

중학교 도덕 〈대결! 줄줄이 말해요〉 활동 예시

3 작성 시간이 끝나면 1분 동안 자신이 적은 단어들이 잘 연상되도록 공부합니다.

4 각 팀은 팀원들의 순서를 정합니다.

5 A팀의 1번 학생부터 먼저 단어를 말합니다. 그 뒤 B팀의 1번 학생이 단어를 말합니다.

6 학생은 자기 차례가 오면 3초 안에 단어를 말하고 선생님은 칠판에 그 단어를 적습니다. 당연히 이미 칠판에 적혀 있는 단어는 말할 수 없습니다.

7 주제와의 개연성이 떨어지는 단어를 말한 학생에게는 부가적인 설명이 요구됩니다.

8 A팀과 B팀은 계속 순서를 주고받으며 단어를 말합니다. 이때 더 이상 주제와 관련된 단어를 말하지 못하는 팀이 지게 됩니다.

59

가~하 차트

⊗ 하　🗨 하　🏁 시작　⏱ 5분　📱 ✕

👤 팀별로 4명씩　📄 팀별로 활동지 1장

◎ 새로운 학습 단원 브레인스토밍

〈가~하 차트〉는 일반적인 브레인스토밍 활동처럼 학생들이 다양한
아이디어를 생산하는 데 도움을 주는 활동입니다. 그러나 거기에서
그치지 않고 생성된 다양한 아이디어들을 제시된 규칙에 따라 정리
해 볼 수 있다는 장점이 있습니다. 제시된 규칙은 학생들의 생각이
더욱 다양하게 확산될 수 있도록 유도하는 역할도 해줍니다.

우선 팀별로 학습 주제 혹은 새로운 단원의 제목을 보고 떠오르는
다양한 생각들을 자유롭게 이야기합니다. 그리고 그 생각들을 '가'
부터 '하'까지 가나다 순으로 배열합니다. 이 활동은 주제와 관련된
최대한 많은 아이디어를 끌어와서 한눈에 보기 좋게 정리하게 합니
다. 차트를 가장 많이 채운 팀이 우승하게 하면 흥미를 높일 수 있
습니다.

가	나	다	라	마	바	사	아	자	차	카	타	파	하
귀 감각 신경	눈			몸		시각 수정체 시각 세포		자극	청각	코		피부 평형 감각	항상성 후각 혀

중학교 과학 〈가~하 차트〉 활동지 예시

활동 방법 🏃

1 학생들에게 새로운 단원의 학습 주제 혹은 제목을 제시합니다.

2 팀별로 한 장씩 〈가~하 차트〉 활동지를 나누어 줍니다.

3 팀별로 학습 주제와 관련된 아이디어를 가능한 한 많이 떠올리면서 한글 가나다 순으로 차트를 작성합니다.

4 제한 시간이 끝난 후 선생님과 함께 '가'부터 주제 관련 아이디어를 확인합니다. 이때 한 팀씩 돌아가며 발표해도 좋고 아니면 운명의 컵으로 학생을 선택해도 좋습니다.

5 만약 연관성이 적은 아이디어가 나오면 그 아이디어를 발표한 학생 혹은 팀은 자신의 생각에 대한 근거를 들어 설명한 후 다른 학생들을 설득하고 동의를 얻습니다.

60
모두 한 바퀴

⊛ 하　⊜ 하　☝ 시작, 마무리　⏱ 5~10분　▣ ✕
⊛ 반 전체　⊜ 없음
⊕ 학습 내용 브레인스토밍 활동, 학습 내용 정리

모든 학생이 주어진 주제에 대해 다양한 의견을 내고 모두가 서로의 의견에 귀 기울일 수 있다면 그것만큼 지적으로 활발한 수업도 없을 것입니다. 모든 학생이 자신의 의견을 적극적으로 표현하게 하는 〈모두 한 바퀴〉 활동은 선생님의 질문 혹은 제시된 주제에 관해 학생들의 생각을 최대한 끌어냅니다. 브레인스토밍 활동으로도, 수업 마무리 복습 활동으로도 활용할 수 있습니다.

이 활동은 모든 학생이 자신의 자리에서 일어나면서 시작됩니다. 이를 통해 학생들은 활동에 집중하게 되고, 수업에는 적절한 긴장감이 생깁니다. 한 사람씩 돌아가며 모두가 자신이 생각해 낸 아이디어 중 한 가지를 발표하고 앉습니다. 이때 학생들은 앞서 나온 의견은 제외하고 발표해야 하기 때문에 앞사람의 의견에 귀 기울일 수밖에 없습니다. 만약 자신이 준비한 의견이 모두 발표되었을 때

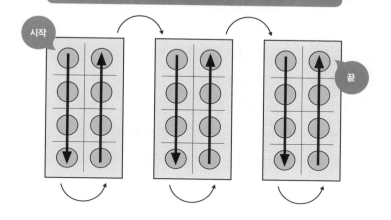

질문 : 인류 문명에 영향을 준 과학 기술의 구체적 예는?

시작

끝

〈모두 한 바퀴〉 교실 배치 및 활동 예시

는 자신의 의견 중 하나를 선택해 다른 말로 바꾸어서 표현해야 합니다. 만약 적절히 발표하지 못하면 앉지 못하기 때문에 학생들은 가능한 한 다양한 의견과 생각을 만들어냅니다.

활동 방법 🏃

1 학습 주제와 관련하여 여러 가지 아이디어가 나올 수 있는 브레인스토밍 주제를 제시합니다.

2 학생들은 가능한 한 많은 아이디어를 생각해 내서 노트에 적습니다.

3 일정 시간이 지나면 모든 학생이 일어납니다.

4 시작하는 학생을 한 명 정하고 활동 진행 방향을 알려줍니다. 그 학생부터 돌아가며 발표하고 앉을 수 있습니다.

5 학생들은 다른 친구들이 말하는 아이디어를 유심히 들어야 합니다. 앞서 발표된 내용은 말할 수 없기 때문입니다.

6 자신이 미리 준비해 놓은 아이디어들이 앞서 모두 발표가 되었다면 자신의 아이디어 중 하나를 다른 말로 바꾸어 표현해야 합니다. 다른 예나 증거를 들어 설명하거나 새로운 단어로 바꾸어 발표합니다.

7 모든 학생이 자리에 앉으면 활동이 끝납니다.

8 주제에 대해 선생님과 반 전체 학생들이 함께 의견을 나눕니다.

⁺Plus Tips

• 강의나 수업 마무리 활동으로 활용할 때는 학습 내용에서 기억나는 내용 말하기로 진행할 수도 있습니다.

• 시작하는 학생을 다양하게 선정해 주세요. 교실 한가운데서 시작하고 그 학생이 원하는 방향을 설정하게 할 수도 있습니다.

• 모든 학생이 일정 시간 내 활동을 끝내면 학생들이 우승, 그렇지 않으면 선생님이 우승하는 반 전체 활동으로 진행할 수도 있습니다. 학생들은 나중에 발표할 친구들을 배려해서 쉽고 명백한 아이디어들을 남겨둘 것입니다.

61

만약에 사고력

⊕ 하   ⊕ 중   ⊕ 중간, 마무리   ⊕ 10분   ⊕ ○
⊕ 팀별로 4명씩   ⊕ '만약에' 질문, 개인별로 활동지 1장
⊕ 학습 주제 브레인스토밍, 고등 사고력 향상, 수업 마무리 정리

학생들의 배움의 목표가 단순히 지식 습득에서 끝나면 안 되겠지요. 학생들이 학습 주제에 대한 다양한 시각을 갖고 생각의 범위를 넓히는 일, 그래서 자신만의 생각을 바탕으로 자신의 분명한 의견을 갖고 정확히 판단하는 일이 배움의 목표가 되어야 합니다. 그 첫 단계, 즉 생각의 범위를 간단하게 넓혀주는 활동이 〈만약에 사고력〉입니다. 학습 주제에 관한 다양한 '만약에' 질문을 학생들에게 연속적으로 제시하여 주제와 관련된 여러 가지 상황을 가정, 추측, 판단해 보도록 유도하는 활동입니다. 〈만약에 사고력〉으로 지금껏 한 번도 생각해 보지 않았던 영역으로 학생들을 초대해 보세요.

◆만약에 사고력◆

1. 만약에 국가의 이익을 위해서 개인의 자율성에 제한을 둔다면 나의 생활에는 어떤 변화가 있을까?

2. 만약에 국가의 이익을 위해서 개인의 자율성에 제한을 둔다면 우리 동네 일상이 어떻게 변화할까?

3. 만약에 국가의 이익을 위해서 개인의 자율성에 제한을 둔다면 우리 나라에 일어날 수 있는 변화는 무엇일까?

4. 만약에 개인 자율성의 제한에 내가 당장 적극적인 행동을 취하려고 한다면 무엇을 할 수 있을까?

〈만약에 사고력〉 활동지 예시

활동 방법 🏃

1 수업 전에 학습 주제와 관련된 3~4개의 '만약에' 질문을 만들어둡니다.

2 미니 강의 혹은 수업의 마무리 단계에서 학생들에게 활동지를 한 장씩 나누어 줍니다.

3 학생들은 팀별로 모여 질문에 대한 생각 나누기 활동을 합니다.

4 모든 질문에 대한 팀 생각 나누기 활동이 끝나면 각 학생은 일정 시간 동안 생각을 정리하여 활동지를 작성합니다.

5 반 전체와 생각 나누기 활동을 한 후 선생님에게 활동지를 제출

합니다.

6   활동지는 점검 후 피드백 혹은 과정 평가 자료로 활용합니다.

62

보기-생각하기-궁금해하기

⊛ 하 ⊜ 중 ⊡ 시작 ⊚ 10분 ⊟ × ⊗ 개인별 혹은 팀별로 4명씩
⊞ 학습 주제에 관련된 사진 혹은 동영상 자료, 개인별로 활동지 1장
⊛ 학습 주제 브레인스토밍, 사고력 향상

새로운 단원에 들어가기에 앞서 학생들이 학습 주제에 대해 깊이 있고 창의적인 생각을 하도록 돕는 활동이 있습니다. 바로 하버드 교육대학원 연구학회인 '하버드 프로젝트 제로(Havard's Project Zero)'가 개발한 〈보기-생각하기-궁금해하기〉입니다. 시각적인 정보로 학습 주제에 대한 생각을 활성화시키고, 스스로 면밀하고 깊이 있는 질문을 하도록 유도하는 이 브레인스토밍 활동을 통해 교실 속 '생각하기 루틴'을 만들어주세요.

활동 방법 🏃

1   새로운 단원에 들어가기 전에 학습 주제를 잘 나타내는 사진이나 동영상 자료를 준비합니다. 혹은 학습 주제와 관련된 일상생

내가 본 것	본 것에 대해 내가 생각한 것	내가 궁금한 것

〈보기-생각하기- 궁금해하기〉 활동지 예시

활, 사회 문제와 결부되는 부분을 담은 시각 자료도 좋습니다.

2 모든 학생에게 활동지를 한 장씩 나누어 줍니다.

3 사진 자료 혹은 동영상 자료를 제시하고 학생들이 제시된 자료를 집중해서 관찰하도록 합니다. 그리고 3분 동안 활동지의 '내가 본 것' 칸에 관찰한 것을 적도록 합니다.

4 학생들이 자신의 관찰에 관해 좀 더 깊이 생각해 볼 수 있도록 합니다. 즉 내가 본 것에 대해 가정을 해보거나 분석을 합니다. 이때 자신이 그렇게 생각한 이유도 활동지에 적도록 합니다.

5 생각의 범위를 넓히는 단계로 '이 현상의 원인은 무엇일까?', '무엇이 이 문제를 일으켰을까?', '이때 사회적, 정치적, 경제적 상황은 어땠을까?', '이 사진 혹은 동영상의 작가는 왜 이 자료를 남겼을까?', '이 자료에서 명확하지 않은 부분은 무엇인가?',

'우리는 무엇을 배우게 될까?' 등 시각 자료에서 출발한 궁금한 점을 활동지에 모두 적어보도록 합니다.

6 팀별로 모여 '본 것'과 '생각한 것'에 대해 의견을 나누는 팀 생각 나누기를 진행합니다. 그리고 마지막 '궁금한 것'에 대해 서로 질문하고 답을 찾아봅니다.

7 팀 생각 나누기 활동에서 정리된 생각과 해결되지 않은 궁금한 점은 반 전체 생각 나누기 활동을 진행하며 해결해 봅니다.

63

상상력 자막

⊛ 하　◌ 중　⊡ 시작　◌ 10분　◙ ×
⊛ 개인별 혹은 팀별로 4명씩　⊜ 학습 주제와 관련된 사진 자료, 개인별로 활동지 1장
◉ 학습 주제 브레인스토밍

한 단원에 들어갈 때 새로운 학습 주제에 학생들이 얼마나 몰입되었느냐에 따라 수업 효율이 확연히 달라집니다. 새로운 주제에 학생들을 제대로 몰입시키는 〈상상력 자막〉 활동을 수업 시간에 진행해 보세요. 시각 자료에 다양한 방식으로 자막이나 사진 설명을 구성하고 붙이면서 학생들은 자연스럽게 학습 주제에 흥미와 호기심을 갖게 됩니다. 또한 학생들은 같은 사진을 보면서도 각자 다르게 해석하고, 자신만의 남다른 경험과 배경지식을 떠올립니다. 이는 학생들에게 주제와 관련하여 한계 없는 창의성을 발휘하는 좋은 기회가 되어줍니다.

활동 방법 🏃

1 학습 주제와 관련된 사진 자료를 준비합니다.

2 학생들에게 사진 자료와 함께 아래 플러스 팁에 소개된 다양한
〈상상력 자막〉 활동지를 나눠 줍니다.

3 활동지를 채우며 자신만의 상상력을 마음껏 발휘합니다.

⁺Plus Tips

- **뉴스 상상 자막** 제시된 사진 자료가 뉴스에 나왔다고 가정하는 것에서 시작합니다. 학생들은 새로운 단원의 제목을 참고해서 어떤 뉴스일지 상상한 후 사진을 설명하는 자막을 사진 아래에 한 문장으로 표현해 써봅니다.

- **상상 말풍선** 등장인물(들)이 있는 주제 관련 사진 자료를 선택합니다. 단원의 제목을 참고해서 사진 자료 속 상황을 파악합니다. 이 순간 등장인물이 무슨 생각을 하고 있을까를 상상해서 그들이 했을 법한 말들을 사진 아래에 적어봅니다.

- **해시태그 상상 자막** SNS에 해시태그(#)로 사진을 설명하듯이 제시된 사진을 설명할 수 있는 단어들을 떠올려 해시태그로 표현하는 활동입니다.

- **믹스 & 매치 상상 자막** 사진 자료와 문장 자막을 짝짓는 활동입니다. 사진 자료 여러 장과 한 문장 자막을 여러 개 준비해서 각 팀에게 나누어 줍니다. 그리고 학생들은 각 사진에 적절한 문장 자막을 골라 짝을 짓습니다. 이때 자막에서 중요한 단어 하나씩을 비워두고 학생들이 사진과 제목으로 알맞은 단어를 찾아 채우게 할 수도 있습니다.

ACTIVE LEARNING

Part 7
게임으로
단원 마무리하기

64

윷놀이

⊛ 중　⊛ 상　⊞ 마무리　⊛ 30분 이상　⊡ ✕

⊛ 분단별 혹은 팀별로 8명씩　⊟ 대형 윷놀이 판(혹은 칠판 그림), 윷놀이 문제 세트,
팀별로 같은 색깔 자석 4개씩　⊛ 한 단원의 마무리 활동, 평가 전 복습 활동

설날에 하는 우리의 전통 놀이인 〈윷놀이〉를 수업 시간에 할 수 있
습니다. 기본 규칙은 기존 윷놀이와 같습니다. 다른 점은 윷가락 대
신에 선생님이 미리 문제와 말의 이동을 정해 준비해 놓는다는 것
입니다.

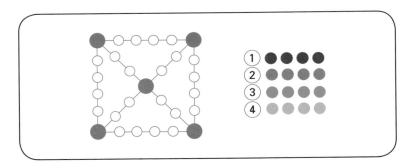

〈윷놀이〉 활동 칠판 세팅

〈윷놀이〉 문제 세트 예시와 활용법

문제를 풀고 정답을 맞히는 과정에서 학생들은 자신이 각 단원에서 목표한 학습에 얼마나 도달했는지 확인할 수 있으며, 동시에 부족한 부분을 파악하고 함께 보충할 수 있습니다. 또한 질문의 수준에 따라서 단편적인 지식만이 아니라 팀원이 함께 협동해서 해결하는 수준의 문제까지 다룰 수 있습니다. 문제를 잘 맞히는 것도 중요하지만 말을 놓는 전략에 따라 승패가 결정되기 때문에 평소 참여도가 낮은 학생들까지 수업에 적극적으로 참여하게 됩니다.

활동 방법 🏃

1 수업 전에 각각의 문제와 그에 해당하는 말의 이동(뒷도~모)을 적은 〈윷놀이〉 문제 세트를 미리 준비합니다.

2 분단별 혹은 8명이 한 팀이 되고 모든 팀원에게 1번부터 번호를 부여한 뒤 각 팀의 대표를 뽑습니다.

3 각 팀의 대표는 교실 앞으로 나와 윷놀이 판에서 말을 이동하는 역할을 합니다. 물론 대표 학생도 자신의 순서가 되면 문제를 풀게 됩니다.

4 각 팀의 1번 학생은 1~50번 중 무작위로 번호 하나를 불러 문제를 선택합니다.

5 선생님은 〈윷놀이〉 문제 세트에서 번호에 해당하는 문제를 불러주거나 혹은 PPT로 제시합니다. 해당 학생은 문제의 답을 말하고, 그동안 다른 팀들은 정답이 아닐 때를 대비하여 조용히 제시된 문제에 관해 함께 논의합니다.

6 정답을 맞혔다면 선생님은 그 문제에 해당하는 말의 이동을 공개합니다. 정답이 아니면 정답을 아는 다른 팀에게 기회가 돌아갑니다.

7 각 팀의 대표는 전략적으로 말을 이동시킵니다.

8 문제가 다 끝날 때까지 윷놀이를 진행하고 우승팀에게 보상합니다.

- 운명의 컵에 1~10번까지 번호 젓가락을 넣습니다. 그리고 각 팀의 대표 학생들이 그 통에서 번호를 뽑아 자신의 팀에서 문제를 풀 학생을 선정하게 하면 활동 몰입도를 더욱 높일 수 있습니다.

- 미리 〈윷놀이〉 규칙을 통일한 후 활동을 시작하는 것이 좋습니다. 예를 들어 뒷도, 업기, 말의 코너링 방향 등에 대한 규칙이 학생들 사이에서 다를 수 있기 때문에 활동 전에 논란의 여지를 없애는 것이 좋습니다.

- 활동 중 학생들이 틀리는 문제들을 잘 파악하고 있다가 활동 후에 다시 한번 학생들과 생각 나누기를 합니다.

65

거꾸로 제퍼디!

⊗ 하   ⓟ 상   🄫 마무리   ⊙ 20분   🄳 ✕
Ⓐ 분단별 혹은 팀별로 8명씩   🄫 문제 파워포인트 자료
⊙ 수업 마무리 활동, 한 단원의 정리 단계

'제퍼디(Jeopardy) 게임'은 원하는 문제를 선택하여 뒤집어 나온 문제를 맞히면 해당되는 상금을 쌓아 우승을 겨루는 퀴즈 게임입니다. 물론 수업 시간에 원래의 제퍼디 형식으로 퀴즈 수업을 해도 재미있지만 우리는 더 흥미로운 〈거꾸로 제퍼디!〉를 해봅시다. 즉 문제를 보고 정답을 맞히는 형식이 아니라 거꾸로 정답을 보고 문제를 구성해 보는 것입니다. 정해진 정답이 있는 것이 아니기 때문에 학생들은 다양한 열린 사고를 할 수 있습니다. 또한 눈에 보이는 정답을 활용해서 거꾸로 질문을 만드는 과정 자체가 학습 내용을 장기 기억 속에 더 오래도록 머물게 합니다. 당연히 학생들의 추론 능력, 창의력 같은 고등 사고력도 향상되겠지요.

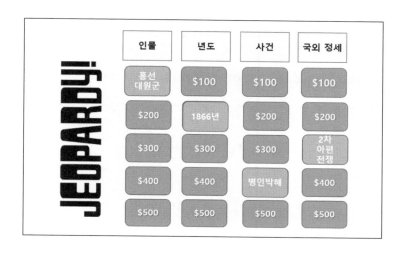

중학교 국사 〈거꾸로 제퍼디!〉 자료 예시

활동 방법 🏃

1 일반 제퍼디 게임 형식과 같이 위쪽에는 영역, 아래쪽에는 점수가 나오는 제퍼디 화면을 스크린에 띄웁니다.

2 각 팀에서 한 명씩 돌아가며 영역과 점수에 맞게 선택지 중 하나를 선택합니다. 해당 선택지를 클릭하면 '정답'이 나옵니다.

3 정답에 알맞은 '질문'을 떠올릴 시간을 30초~1분 정도 줍니다.

4 적절한 질문을 제시하면 해당되는 점수를 받고, 만약 틀리면 다른 팀에게 기회가 돌아갑니다.

5 가장 점수가 많은 팀에게 보상합니다.

6 학생들이 어려워하는 내용이 발견되면 활동 후에 보충합니다.

학생들이 각 문제에 대해 생각하는 시간 동안 제퍼디 테마 음악 클립을 다운받아 재생하면 실제 프로그램처럼 더욱 흥미로운 퀴즈 활동을 할 수 있습니다.

66

진흙탕 퀴즈

ⓐ 하　ⓑ 중　ⓒ 시작　ⓓ 10분　ⓔ ×　ⓕ 팀별로 4명씩
ⓖ 파워포인트 자료, 운명의 컵, 팀별로 화이트보드, 보드 마커, 지우개 1개씩
ⓗ 수업 정리, 한 단원 마무리

학생들이 직접 찾은 수업 진흙탕(〈21. 진흙탕 찾기〉 참고)으로 퀴즈 게임을 만들어봅시다. 이 활동의 핵심은 학생들이 이해가 되지 않는 부분을 스스로 골라내고 퀴즈로 만들어 풀게 하면서 서로 도와가며 진흙을 깨끗하게 닦아내도록 하는 것입니다. 어려운 부분을 찾는 것에만 그치는 것이 아니라 학생들이 함께 고민하고 정답을 맞히면서 협동하게 되는 훌륭한 활동입니다.

활동 방법 🏃

1　선생님이 이전 시간에 학생들에게 받은 〈21. 진흙탕 찾기〉 활동지를 바탕으로 학생들이 이해하기 힘들어하는 부분을 파악해서 〈진흙탕 퀴즈〉를 만듭니다.

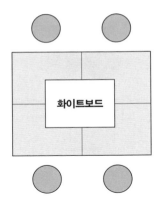

〈진흙탕 퀴즈〉 책상 배치

2　학생들은 팀별로 앉아 1번부터 4번까지 번호를 정합니다.

3　선생님이 문제를 제시하면 학생들은 팀별로 30초 동안 문제에 대해 상의합니다.

4　30초 후 선생님이 운명의 컵으로 1~4번 중 하나를 무작위로 고릅니다.

5　각 팀의 해당 번호의 학생만 펜을 들어 정답판에 답을 적고 머리 위로 듭니다.

6　정답을 맞힌 모든 팀에게 점수를 부여합니다.

7　학생 한 명을 선정하여 해당 문제와 답에 관련하여 설명을 하도록 합니다. 설명이 적절하면 추가로 점수를 부여합니다.

8　준비된 모든 문제가 끝날 때까지 활동을 계속하고 점수가 가장 높은 팀에게 보상합니다.

67
젠가

⊗ 중　　🗐 상　　🏁 마무리　　⏱ 30분　　📖 ×
👥 팀별로 4명씩　　📦 번호가 써 있는 젠가 블록 팀별로 1세트, 문제지 1장
🎯 학생 자기 평가, 수업 정리, 한 단원 마무리

나무 블록을 하나씩 뺄 때마다 흔들리지만 쓰러지지 않는 탑을 보며 하는 사람도 보는 사람도 손에 땀을 쥐게 되는 흥미진진한 보드게임 〈젠가〉로 한 단원을 재미있게 마무리해 봅시다. 우선 젠가 블록에 적힌 가장 끝 번호만큼의 문제를 만듭니다. 이해 점검 문제부터 사고력을 요구하는 문제까지 한 단원에 관련된 문제를 골고루 만든 후 각 문제에 번호를 부여합니다. 학생들은 팀에서 한 명씩 돌아가며 블록을 뽑습니다. 뽑은 블록에 적혀 있는 번호에 해당하는 문제를 풀고 맞히면 점수가 올라가는 게임입니다.

학생들은 블록을 뽑고 문제를 해결하며 자기도 모르게 학습 내용에 몰입하게 됩니다. 결과와 과정이 모두 중요한 활동, 그리고 재미와 학습을 모두 잡는 활동인 〈젠가〉를 수업에서 꼭 해봐야 하는 이유입니다.

중학교 도덕 〈젠가〉 문제지 예시

활동 방법 🏃

1 수업 전에 〈젠가〉 블록 개수에 맞춰 문제를 준비하고 문제지를 만듭니다.

2 각 팀에 젠가 블록 한 세트와 문제지 한 장을 나누어 줍니다.

3 팀별로 책상 가운데에 젠가 블록을 쌓고 정해진 순서대로 한 명씩 돌아가며 블록을 하나씩 뽑습니다. 뽑은 블록에 쓰여 있는 번호와 매칭되는 문제를 문제지에서 찾아 풉니다.

4 문제의 정답을 맞히면 1점을 얻고, 틀리면 나머지 팀원들이 다시 문제를 풀 기회를 가져갑니다. 문제의 정답이 확실하지 않을

경우 학생들은 선생님의 도움을 받을 수 있습니다.

5 만약 블록을 빼다가 젠가를 무너뜨렸을 경우 블록을 무너뜨린 사람의 점수에서 1점을 차감하고 젠가를 다시 쌓습니다. 이때 이미 뺀 젠가 블록들과 섞이지 않도록 주의해야 합니다.

6 학생들이 모든 문제를 풀 때까지 게임을 진행합니다.

7 팀에서 가장 점수가 높은 학생이 우승합니다.

⁺Plus Tips

- 학생들이 문제를 풀다가 선생님의 도움이 필요할 수 있습니다. 선생님은 각 팀 사이사이를 돌아다니며 학생들의 활동 상황을 점검합니다.

- 〈젠가〉 게임이 끝난 후 부가 설명이 필요한 문제에 관해 생각 나누기를 합니다.

- 게임이 끝난 후에는 팀별로 젠가 블록의 개수를 확인하게 합니다. 만약 그렇지 않으면 게임을 할수록 블록들의 개수가 점점 줄어들게 됩니다. 각각의 젠가 블록 세트를 지퍼락 봉투에 넣은 후 봉투 전면에 팀 번호를 크게 붙여놓으면 도움이 됩니다.

68

그룹 도전 골든벨

⊛ 중 ▣ 상 ⏳ 마무리 ⏱ 20분 ▣ ✕ 👥 팀별로 4명씩
📋 문제 파워포인트 자료, 팀별로 정답판, 사인펜, 지우개 1개씩
🎯 학생 자기 평가, 학습 내용 정리, 수업 혹은 한 단원 마무리

〈그룹 도전 골든벨〉은 4명의 학생이 한 팀이 되어 팀별로 경쟁하는 퀴즈 활동입니다. 일반 도전 골든벨과 같은 형식이지만 신체적 활동성과 흥미도를 더 높여줍니다. 선생님이 문제를 내면 가장 먼저 정답을 쓰고 일어난 팀이 포인트를 받습니다.

활동 방법 🏃

1 정답판과 사인펜, 지우개 하나씩을 각 팀의 책상 가운데에 배치합니다.

2 선생님이 문제를 제시하면 각 팀에서 정답을 아는 학생이 빠르게 정답판에 답을 적은 후 머리 위로 높이 들며 일어납니다.

3 정답을 쓰고 가장 먼저 일어난 팀이 포인트를 가져갑니다.

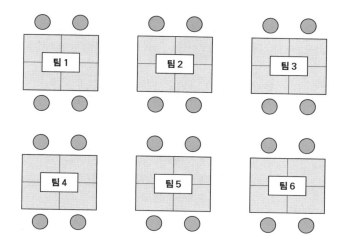

〈그룹 도전 골든벨〉 교실 배치

4 같은 팀에서 한 학생이 두 번 연속 답을 쓰고 일어날 수 없습니다. 팀의 모든 학생이 골고루 책임을 나눌 수 있도록 지도합니다.

5 같은 팀에서 연속 2회 이상 오답을 써서 일어날 경우 다음번 답을 쓸 기회가 박탈됩니다.

6 준비된 모든 문제가 끝날 때까지 활동을 계속합니다.

7 점수가 가장 높은 팀이 우승입니다.

8 가장 어려웠던 문제에 관해 선생님과 반 전체가 생각 나누기를 합니다.

69

짝꿍의 커닝 페이퍼

◎ 하　◎ 하　◎ 마무리　◎ 5분　◎ ✕
◎ 짝별로 2명씩　◎ 개인별 활동지 1장
◎ 수업 마무리, 한 단원 평가

수업 시간에 학생들은 공식적으로 다음 수업 시간에 진행될 단원 평가를 위한 커닝 페이퍼를 만듭니다. 여기에서 반전은 이 커닝 페이퍼가 나를 위한 것이 아니라 나의 짝을 위한 것이라는 점입니다. 학생들은 단원 평가에서 도움이 될 것 같은 중요한 정보를 커닝 페이퍼에 정리합니다. 이 과정에서 학생들은 배운 내용을 다시 한번 살펴보고, 중요한 정보를 선정하고, 또 그것을 적으면서 저절로 학습하게 됩니다. 〈짝꿍의 커닝 페이퍼〉 활동을 통해 내가 만든 커닝 페이퍼가 나의 짝이 단원 평가를 보는 데 실제로 도움이 된다면 학생들은 뿌듯함을 느끼게 될 것입니다.

활동 방법 🏃

1 단원 평가를 보기 전 수업 시간에 모든 학생은 〈짝꿍의 커닝 페이퍼〉 활동지를 받습니다.

2 학생들은 제한 시간 동안 단원 평가에 나올 것 같은 학습 내용을 선정하여 커닝 페이퍼를 작성합니다.

3 제한 시간 후에 활동지를 걷습니다.

4 다음 시간에 단원 평가 시험지와 함께 그 커닝 페이퍼를 나누어 줍니다. 이때 본인이 아닌 짝에게 커닝 페이퍼를 줍니다.

5 학생들은 짝이 만들어준 커닝 페이퍼를 참고하여 단원 평가를 해결합니다.

6 커닝 페이퍼에서 실제 문제에 출제된 부분을 찾아 밑줄 칩니다.

7 평가 후 짝끼리 서로 상대방이 만들어준 커닝 페이퍼에서 어떤 도움을 받았는지 대화하며 서로 칭찬해 주는 시간을 갖습니다.

70

복습 레터

⊛ 하　⊜ 하　⊞ 마무리　⊘ 5분　▣ ○
⊕ 개인별　⊜ 개인별 활동지 1장, 편지 봉투 1개
⊜ 수업 마무리, 한 단원 마무리

학습한 내용을 편지에 정성스럽게 담아 부모님 혹은 형제, 자매에게 보내는 활동인 〈복습 레터〉를 소개합니다. 편지 형식을 빌어 학습 내용을 정리하며 복습하는 활동입니다. 우선 학생들은 자신의 부모님이나 형제자매, 친구 등 복습 레터를 받을 대상을 정합니다. 그리고 오늘 배운 학습 주제에 대한 자신의 생각이나 의견, 실제 생활에서 적용할 수 있는 부분 등을 편지로 설명합니다.

학생들은 배운 내용을 상대방에게 글로 가르치는 활동을 함으로써 배움을 견고하게 다질 수 있고, 스스로 학습 내용에서 부족한 부분을 발견하며 보충하는 기회를 갖게 됩니다. 복습 레터가 완성되면 편지를 받을 대상에게 실제로 보내도록 해보세요. 그리고 그 대상이 편지를 읽고 짧은 견해를 남기도록 하면 이 활동의 의미가 더 깊어집니다.

활동 방법 🏃

1 모든 학생에게 〈복습 레터〉 활동지를 나누어 줍니다.

2 학생들은 복습 레터를 받을 대상을 정하고 활동지 위에 받을 사람의 이름을 적습니다.

3 주어진 시간 동안 학생은 그 대상에게 가르쳐주듯이 해당 학습 주제에 관해 담고 싶은 내용을 선정하여 편지를 씁니다.

4 복습 레터 작성이 마무리되면 편지 봉투를 나누어 주고 학생은 편지를 넣습니다.

5 받을 사람에게 복습 레터를 실제로 배달하고 복습 레터의 생각 나누기 칸에 대상자의 간단한 의견을 받아오게 합니다.

6 다음 시간에 생각 나누기 칸에 적힌 다양한 의견을 팀별 혹은 반 전체가 함께 나눕니다.

71

개념 트리

⊛ 중　⊛ 상　🏁 마무리　⏱ 15분　🖥 ✕　👤 팀별로 4명씩
📦 운명의 컵, 팀별로 개념 트리 및 문장 1세트, 빈 종이 1장, 풀 혹은 테이프 1개
💬 학습 내용 정리, 단원 마무리

새로운 정보를 습득할 때 그 정보의 이해도와 기억력을 향상시키는 좋은 방법 중 하나는 학습자가 직접 '상위 개념+하위 개념', 혹은 '핵심 개념+부가 개념'을 일목요연하게 정리해서 한눈에 보는 것입니다. 구분된 개념들을 시각적으로 도식화하면 학습 효과는 배가 되겠지요. 주어진 정보를 분석해서 시각적으로 표현하기 좋은 활동이 바로 〈개념 트리〉입니다.

하나의 학습 단원은 주로 하나의 큰 주제와 그 아래의 다양한 소주제들로 구성됩니다. 나무로 치면 나무 기둥은 한 단원의 큰 주제, 가지들은 소주제들, 그리고 각각의 가지에 붙어 있는 잎사귀들은 소주제들의 하위 개념 혹은 다양한 예나 부가적인 정보들이 되겠지요. 큰 단원이 아니더라도 주제를 나무 기둥, 그 아래 개념들을 나뭇가지, 그리고 각각의 예를 나뭇잎으로 볼 수도 있습니다.

〈개념 트리〉 구성 요소 예시

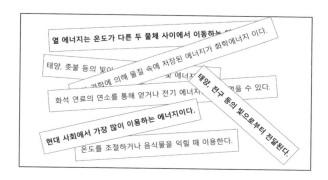

중학교 과학 〈개념 트리〉 문장 예시

한 그루의 나무를 제대로 세우기 위해서는 학생들이 한 단원에서 배운 개념들의 위계를 정확히 파악하고 있어야 합니다. 그리고 학생들이 학습 자료에서 필요한 정보를 선택해야 하는데 선택할 수 있는 정보의 숫자 또한 제한되어 있기 때문에 서로 상의를 거쳐 신중하게 선택해야 합니다. 이 선택의 과정이 학습입니다. 이 과정에서 학생들은 이해에 깊이를 더할 수 있습니다.

활동 방법 🏃

1 〈개념 트리〉 세트, 빈 종이와 풀을 각 팀에 하나씩 나누어 줍니다.

2 팀원들은 개념 트리 문장들을 먼저 읽어본 후 함께 상위 개념, 하위 개념 등을 파악합니다.

3 문장들을 알맞은 개념 트리 구성 요소들과 매치해서 대략적으로 개념 트리를 구성합니다.

4 빈 종이에 개념 트리 구성 요소와 문장을 풀로 붙여 개념 트리를 완성합니다.

5 제한 시간이 지나면 각 팀은 완성된 개념 트리 활동지를 옆 팀과 교환합니다.

6 옆 팀의 활동지에서 자신의 팀과 다른 부분, 비슷한 부분을 찾아 분석합니다.

7 반 전체와 진행하는 생각 나누기 시간에 각 팀은 차이점과 분석 내용을 발표합니다.

⁺Plus Tips

한 반 생각 나누기 시간에 각 팀의 발표자는 운명의 컵으로 선정하세요. 누구든 우리 팀을 대표할 수 있다는 분위기가 모두를 몰입하게 만듭니다.

72

문제 낚시

⊗ 하 👥 하 📖 전개, 마무리 ⏱ 10~15분 📱 ✕
👤 반 전체 📦 운명의 컵, 어항을 대체할 상자, 개인별 활동지 1장
💡 학습 내용 정리, 수업 마무리

다양한 모양의 물고기 활동지를 준비한 뒤 미니 강의가 끝났거나 혹은 한 시간의 수업 시간을 마무리할 때 학생들에 나눠 주세요. 학생들은 학습 내용과 관련된 문제를 하나씩 만들어 물고기 활동지에 적습니다. 이제 학생들이 물고기가 가득한 상자에 손을 집어넣어 문제를 낚을 차례입니다. 낚은 문제를 선생님이 읽는 동안 모든 학생이 집중해서 듣습니다. 문제를 낚은 학생뿐만 아니라 나머지 학생들에게도 같은 문제를 풀 기회가 갈 수 있기 때문입니다. 학생들이 직접 문제를 만들고, 문제를 선택하고, 문제를 해결하는 〈문제 낚시〉 활동으로 수업을 즐겁게 마무리하세요.

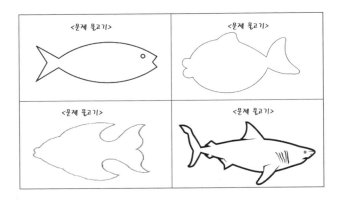

〈문제 낚시〉 활동지 예시

활동 방법 🏃

1 수업 혹은 단원 마무리에 학생들에게 〈문제 낚시〉 활동지를 한
 장씩 나누어 줍니다.

2 학생들은 주어진 시간 동안 학습 내용을 바탕으로 문제를 하나
 씩 제출합니다. 이때 문제의 수준 혹은 문제 유형 등을 미리 정
 해 준다면 더 효율적으로 활동이 진행됩니다.

3 문제 만들기가 끝나면 학생들은 문제의 정답과 자신의 이름을
 적은 후 접어서 선생님에게 제출합니다.

4 문제 물고기들을 상자에 넣습니다.

5 운명의 컵으로 학생을 한 명 선정하고, 해당 학생은 상자에 손
 을 집어넣어 문제 물고기 한 마리를 건져 올립니다.

6 물고기에 적힌 문제를 선생님이 읽어주고, 답을 생각할 시간을

조금 줍니다.

7 답을 맞혔다면 해당 학생의 팀이 점수를 획득합니다. 만약 틀렸
   다면 다른 학생에게 기회를 줍니다. 이때 문제를 다시 읽어주지
   않도록 합니다. 그래야 학생들이 활동 시작부터 책임감을 가지
   고 집중할 수 있습니다.

8 시간이 허락하는 만큼 학생들을 선정해서 문제 낚시를 합니다.

9 수업 후에 학생들이 만든 문제와 정답을 검토합니다. 좋은 문제
   들을 몇 개 선정하여 다음 시간에 전 차시 복습 문제로 학생들
   에게 질문할 수 있습니다.

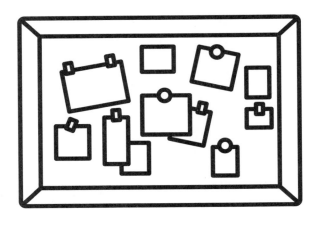

Part 8
수업을 즐겁게
마무리하는 활동

73

금기어

◎ 하 ◎ 중 ⊞ 중간, 마무리 ⊙ 10~15분 ▣ ×
⊙ 팀별로 4명씩 ◎ 팀별로 금기어 단어 카드 3장씩
◎ 학습 내용 이해도 점검, 미니 강의 혹은 수업 마무리

학생들이 학습 내용을 정확하게 이해했는지 알 수 있는 가장 확실한 방법은 무엇일까요? 배운 내용을 교과서의 표현이 아닌 자신만의 말로 표현해낼 수 있을 때가 아닐까요? 여기 학생들이 자신만의 표현으로 제시된 핵심어를 설명해야 하는 활동이 있습니다. 바로 핵심어를 설명할 때 특정 단어를 사용해서는 안 되는 규칙을 가진 〈금기어〉라는 활동입니다.

학생들은 주제나 주제어를 정확히 설명하기 위해 우선 학습 내용을 분명하게 이해해야 합니다. 다음으로 주제어와 함께 제시된 금기어를 대체할 다른 단어를 빨리 찾거나 혹은 단어 대신 상황을 묘사해서 위기를 넘겨야 합니다. 학생들은 이 과정을 통해 학습 내용의 깊은 이해는 물론 자기 표현력과 의사소통 능력, 순발력 및 창의성을 키울 수 있습니다.

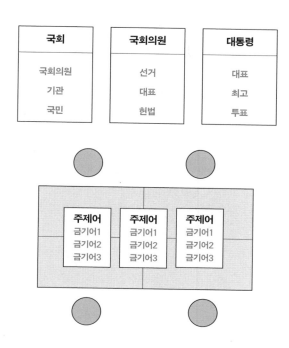

〈금기어〉 단어 카드 및 책상 배치 예시

활동 방법 🏃

1 수업 전에 한 팀당 3장씩 나눠 줄 〈금기어〉 단어 카드를 만듭니다. 각 카드는 주제어 하나와 금기어 3개로 이루어져 있습니다.

2 수업 마무리 단계에 팀별로 단어 카드를 3장씩 나누어 줍니다.

3 정해진 시간 동안 각 팀의 학생들은 협동하여 카드에 적힌 금기어를 제외한 표현으로 주제어를 묘사합니다.

4 일정 시간이 지난 후 첫 번째 팀부터 자리에서 일어나 다른 팀

들에게 카드에 적힌 금기어를 제외한 표현으로 자신들이 가지고 있는 주제어를 설명합니다. 다른 팀들은 설명을 듣고 연상되는 주제어를 적습니다.

5 마지막 팀까지 주제어 설명을 끝내고 나면 주제어를 가장 많이 맞힌 팀이 우승합니다.

6 모든 팀이 맞힌 주제어가 있다면 그 주제어를 설명한 팀도 점수를 받습니다.

74
금기어 카드 놀이

⊗ 하 ⊜ 중 ▣ 전개, 마무리 ⏱ 10~15분 ▣ ✕
⊙ 팀별로 4명씩 ⊜ 팀별로 금기어 카드 1세트
⊙ 학습 내용 이해도 점검, 수업 마무리, 단원 정리

'금기어'를 이용해 즐거운 카드 놀이를 진행해 볼까요? 각 팀은 한 명씩 돌아가며 금기어 카드(〈73. 금기어〉 참고)에 나와 있는 주제어를 나머지 팀원들에게 설명합니다. 물론 금기어를 제외한 표현을 사용하여 설명해야겠지요. 그 설명을 듣고 먼저 주제어를 맞히는 팀원이 해당 카드를 가져가면 됩니다. 카드 놀이가 끝나면 카드를 가장 많이 가지고 있는 학생이 우승합니다. 〈73. 금기어〉 활동보다 순발력, 문제 해결력을 더 요구하는 활동이므로 충분히 복습을 한 후 활동하게 합니다.

활동 방법 🏃

1 수업 전에 20~30장 정도의 금기어 카드 세트를 팀 개수만큼

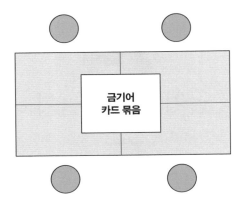

<금기어 카드 놀이> 책상 배치

만들어 놓습니다.

2 각 팀에 금기어 카드를 1세트씩 전달합니다.

3 카드 세트를 책상 가운데에 두고 팀원들은 1번부터 4번까지 차례를 정합니다.

4 1번 학생부터 맨 위의 카드를 집고 카드 뒷면에 적힌 주제어를 설명합니다. 이때 금기어 단어들은 제외한 표현으로 설명해야 합니다.

5 설명이 끝나면 팀원들은 손을 들고 주제어를 맞힙니다. 정답을 맞힌 팀원은 그 카드를 갖고, 틀리면 다른 팀원들에게 기회가 돌아갑니다.

6 카드가 다 없어질 때까지 게임 활동을 진행합니다.

7 카드를 가장 많이 가지고 있는 팀원이 우승합니다.

75

구멍 난 필기

⊛ 하　☺ 하　🏁 중간, 마무리　⏱ 5분　🖎 ✕
👥 짝별로 2명씩　📄 개인별 활동지 1장
💬 미니 강의 혹은 수업 마무리, 학생 자기 평가

미니 강의 직후나 수업이 끝날 때쯤 하는 노트 필기는 배운 내용을 정리하면서 중요한 내용, 세부 내용을 파악할 수 있을 뿐 아니라 스스로 부족한 부분을 점검해서 개선하는 기회이기 때문에 의미 있는 수업 활동입니다. 그런데 이 노트 필기에 구멍을 내게 하면 어떨까요? 노트 필기에서 개념을 나타내는 부분이나 흐름상 중요한 부분만 골라서 일부러 빈칸을 만든 후 짝에게 주는 것입니다.

구멍을 만들기 위해 핵심적인 내용과 흐름을 파악하는 과정, 그리고 짝이 만든 구멍을 채우기 위해 필요한 정보를 찾는 과정에서 학생 모두에게 배움이 일어납니다. 〈18. 생각-짝-나누기〉 활동과 연계해서 왜 이 부분에 구멍을 만들었는지를 유추하고 짝끼리 이유를 나눌 수 있도록 해보세요. 학습 내용에 대한 단순 지식 파악을 넘어 개념과 핵심을 꿰뚫어보는 능력을 키워줄 수 있습니다.

활동 방법 🏃

1 미니 강의 직후 혹은 수업 마무리 단계에서 학생들에게 빈 종이를 한 장씩 나누어 줍니다.

2 학생들은 미니 강의 혹은 한 시간 수업에서 학습한 내용을 노트 필기 형식으로 정리합니다. 이때 중요한 개념, 문장의 일부분, 흐름상 중요한 문장 등은 빈칸으로 남겨 둡니다.

3 이후 학생들은 자신의 활동지를 짝과 서로 교환하고 제한 시간 동안 짝의 노트 필기에 구멍 난 곳, 즉 빈칸을 찾아 채웁니다.

4 빈칸을 채우는 활동이 마무리 되면 서로 활동지를 돌려받고 자신이 낸 구멍이 알맞은 내용으로 채워졌는지 확인합니다.

5 자신의 의도와는 다른 내용이 활동지에 적혀 있다면 짝과 생각 나누기 시간에 서로 의견을 나눕니다.

76
침묵의 한마음 요약

⊛ 하 ⊜ 하 ℗ 전개, 마무리 ⊠ 5분 ▣ ×
⊛ 짝별로 2명씩 ▣ 짝별로 활동지 1장, 서로 다른 색상 펜 1개씩
⊛ 생각의 명료화, 생각 나누기, 학습 내용 정리

학생들의 협동, 나눔, 학습 책무성을 확실하게 향상시켜주는 활동이 있습니다. 〈침묵의 한마음 요약〉 활동을 활용하여 짝끼리 한마음이 되어 미니 강의 후, 혹은 한 시간 수업의 마무리로 오늘 배운 학습 내용을 정리할 수 있도록 해주세요. 이 활동의 묘미는 활동 준비 시간에 있습니다. 이름 그대로 활동 중에는 어느 누구도 말을 해서는 안 됩니다. 따라서 준비 시간 동안 협력의 힘이 폭발합니다. 두 학생이 준비 시간 동안 서로 부족한 점을 보완해 주고 함께 생각을 넓히는 것이 이 활동의 포인트입니다.

이 활동의 과제는 학습 내용을 두 학생이 침묵을 지키며 함께 차례대로 요약하는 것입니다. 학생 A가 한 문장을 쓰면 학생 B는 A가 쓴 문장에 맞추어 그다음 문장을 이어서 씁니다. 이때 핵심은 마치 한 사람이 요약한 것처럼 두 학생의 문장 사이에 자연스러운 연결

< 행정부의 역할과 그 중요성 >

행정은 국회에서 만든 법률을 집행하고
공익을 위한 정책을 만든다.

〈침묵의 한마음 요약〉 활동지 예시

과 흐름이 있어야 한다는 것입니다.

만약 한 사람이 학습 내용을 제대로 이해하지 못했거나 요약의 흐름을 잘못 파악하고 있다면 과제를 제대로 완성할 수 없습니다. 혹은 잘못된 흐름을 해결하기 위해 요약이 길어지거나 시간이 오래 걸리겠지요. 따라서 개인의 학습 책무성이 올라갑니다. 결과물의 책임을 함께 지기 때문입니다. 모든 학생들이 적극적으로 자신의 배움에 참여하고 짝이 서로를 믿고 의지할 수 있게 하는 이 공유 활동을 오늘 수업에 적극 활용해 보세요.

활동 방법 🏃

1 강의 후, 혹은 수업 시간이 끝날 때쯤 학습 내용의 한 단원 또는 오늘의 수업이나 미니 강의 마무리 요약 쓰기 과제를 줍니다.

2 학생들은 짝을 지어 일정 시간 동안 배운 내용을 함께 점검하며 정리합니다. 이때 부족한 부분을 서로 찾아 보충해 줍니다.

3 제한 시간이 지나면 선생님이 〈침묵의 한마음 요약〉 활동지를 짝별로 한 장씩 전달합니다. 이때 짝을 이룬 두 학생은 서로 다른 색상의 펜을 들고 있습니다.

4 첫 번째 학생이 활동지에 미리 제시된 첫 문장의 흐름에 맞추어 그다음 문장을 연결해서 적습니다.

5 다음 학생은 앞선 문장을 읽어보고 자연스러운 흐름이 되도록 다음 문장을 작성합니다. 이 과정을 반복하는 동안 두 학생은 서로 침묵을 유지합니다.

6 두 학생이 함께하는 요약 활동이 끝나면 선생님에게 활동지를 제출합니다.

⁺Plus Tips

- 가장 빠르게 요약을 한 짝, 혹은 가장 요약을 잘한 짝에게 보상하면 활동에 적당한 긴장감과 흥미를 줄 수 있습니다.

- 팀별로 〈침묵의 한마음 팀 요약〉 활동을 할 수도 있습니다.

- 학습 주제와 관련된 HOT 질문에 대한 답변을 짝끼리 함께 논의하고 작성하는 〈HOT 침묵의 한마음 쓰기〉 활동으로 활용할 수 있습니다.

77

즉석 그림 퀴즈

⊛ 하　㉦ 하　㏗ 시작, 전개, 마무리　⏰ 10분　📓 ×
⊛ 개인별 그리고 팀별로 4명씩　📄 개인별로 활동지 3장씩
💭 학습 주제 브레인스토밍, 생각의 명료화, 학습 내용 정리

〈즉석 그림 퀴즈〉는 〈53. 즉석 그림〉 활동에 추측 게임 형식을 입혀서 재미를 더한 활동입니다. '생각+그림+연상'의 과정이 학생들에게 학습 내용을 확실하게 각인시켜줍니다.

각 팀의 팀원들은 서로 협의해서 중복되지 않게 주제 혹은 주제어를 각각 3개씩 선택합니다. 그리고 각자 선택한 주제(어)를 비어 있는 즉석 그림 카드 활동지에 그림으로 간단하게 표현합니다. 이렇게 그린 즉석 그림 카드 12개를 한 묶음으로 만들어 옆 팀에게 전달합니다. 각 팀은 옆 팀에게 받은 즉석 그림 카드들을 보고 연상되는 주제를 함께 상의합니다. 가장 많은 주제어를 찾은 팀이 우승하게 됩니다.

활동 방법 🏃

1 학생들에게 비어 있는 즉석 그림 카드 활동지를 3장씩 나누어 줍니다.

2 팀별로 학습 주제와 관련된 중요한 개념 및 주제어를 12개 선정한 후 개인별로 3개씩 나누어 갖습니다.

3 주어진 시간 동안 학생들은 자신이 맡은 개념이나 주제어를 카드에 간단하게 그립니다.

4 정해진 시간이 지나면 선생님의 신호에 맞춰 각 팀은 즉석 그림 카드를 모두 모아서 옆 팀에게 전달합니다.

5 각 팀은 옆 팀으로부터 받은 즉석 그림 카드를 보고 함께 무슨 주제를 의미하는지 추측해 본 뒤 카드 뒷면에 연상되는 주제나 주제어를 적습니다.

6 만약 팀 내 의견이 일치되지 않을 때는 선생님의 도움을 받아 해결합니다.

7 일정 시간이 지나면 원래 팀에게 즉석 그림 카드를 돌려주고 채점합니다.

8 가장 많은 주제어를 찾은 팀이 우승합니다.

78

색으로 말해줘 II

⊛ 중　⚏ 중　⎙ 전개, 마무리　⚉ 5~10분　▣ ×　⚇ 팀별로 4명씩
⌾ 학습 내용 퀴즈 문제, 운명의 컵, 팀별로 색상 카드(빨강, 노랑, 파랑, 흰색) 1세트
☺ 액티브한 강의식 수업, 학생의 이해도 체크, 생각의 명료화, 학습 내용 정리

〈색으로 말해줘 II〉 활동은 팀 내 게임이 아니라 팀과 팀 사이의 색상 카드 게임입니다. 그리고 엄밀히는 각 팀의 같은 자리 번호 학생들 간의 게임입니다. 선생님이 매 문제마다 운명의 컵으로 자리 번호 1~4번 중 한 번호를 뽑기 때문입니다. 제시된 문제에 가장 먼저 알맞은 색상 카드를 들어 정답을 표현하는 학생의 팀이 점수를 올릴 수 있습니다.

이 활동의 포인트는 4명의 팀원 중 누가 문제를 풀게 될지 알 수 없다는 데 있습니다. 학생들은 언제든 자신의 번호가 뽑힐 수 있기 때문에 긴장의 끈을 놓을 수 없겠지요. 따라서 팀 활동이지만 모든 학생에게 개인 책임감을 부여합니다. 배움과 흥미와 긴장감을 모두 갖춘 이 활동으로 오늘은 좀 더 특별한 수업을 해보세요.

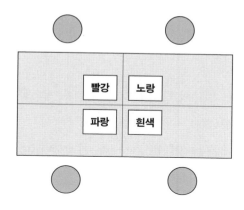

〈색으로 말해줘 II〉 책상 배치

활동 방법 🏃

1 수업 전에 학습 내용과 관련된 퀴즈 문제를 파워포인트로 만들어 둡니다.

2 수업의 마무리 단계에서 색상 카드 세트를 팀별로 하나씩 나누어 줍니다.

3 각 팀원에게 자기의 자리 번호를 확실하게 알려줍니다.

4 파워포인트로 준비된 문제 중 하나를 제시합니다.

5 운명의 컵에서 1~4번 중 번호를 하나 뽑습니다. 학생들이 직접 뽑아도 좋습니다.

6 각 팀에서 선택된 번호의 학생들만 문제를 풀 수 있습니다. 정답을 아는 학생은 정답과 연계된 색상 카드를 빨리 집어 들고

일어납니다.

7   가장 빨리 색상 카드를 집어 들고 정답을 맞힌 학생의 팀이 점
    수를 받습니다.

8   먼저 일어난 친구의 답이 틀리면 그 팀을 제외한 나머지 팀들이
    다시 경쟁합니다.

9   준비된 문제가 다 끝나면 가장 점수가 높은 팀이 우승합니다.

⁺Plus Tips

각 팀마다 색상 카드를 한 세트씩 나누어 주고 퀴즈를 낸 뒤 팀원 중 가장 먼저 정답
카드를 집는 학생이 포인트를 받도록 게임을 변형할 수 있습니다.

79

레디, 셋, 고!

ⓧ 중 ⓧ 중 ⓟ 마무리 ⓣ 10분 ⓧ ✕ ⓐ 팀별로 4명씩
ⓔ 문제 파워포인트 자료, 팀별로 화이트보드, 보드 마커, 지우개 1개씩
ⓢ 수업 정리, 한 단원 마무리

작은 몸짓이라도 신체적 움직임이 가미되면 수업의 긴장감, 재미, 집중도가 순식간에 올라갑니다. 수업 중 학생들이 지루해하는 순간이 오면 〈레디, 셋, 고!〉 활동을 해보세요. 마법처럼 선생님의 수업에 웃음과 에너지가 넘칠 것입니다.

팀마다 작은 크기의 화이트보드가 있습니다. 선생님이 문제를 제시한 후 "레디~ 셋~"이라고 구호를 외칩니다. 그리고 "고!"를 말하는 순간 정답을 아는 학생이 보드에 답을 적습니다. 그런데 팀에서 단한 명만 적을 수 있습니다. 왜냐하면 각 팀에 화이트보드도, 보드 마커도 하나씩이기 때문입니다. 팀원들이 동지에서 경쟁자로 변하는 〈레디, 셋, 고!〉 활동으로 수업에 활력을 더해 보세요.

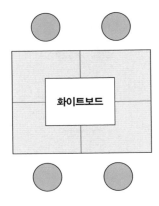

〈레디, 셋, 고!〉 책상 배치

활동 방법 🏃

1 수업 전에 학습 내용과 관련된 문제를 파워포인트 자료로 만들어 둡니다.

2 활동을 위해 팀별로 책상 한가운데에 화이트보드와 보드 마커, 지우개를 하나씩 놓습니다.

3 모든 팀원은 자신의 두 손을 책상 아래에 내려놓습니다.

4 선생님이 문제를 하나 제시합니다.

5 선생님이 "레디~ 셋~"을 구호로 외치는 동안 학생들은 머릿속으로 문제를 풉니다.

6 선생님이 "고!"를 외치면 학생들은 재빨리 손을 책상 밑에서 올려서 보드 마커를 집습니다.

7   가장 먼저 보드 마커를 집은 학생만 화이트보드에 정답을 적을 수 있습니다.

8   맞는 답을 쓴 경우 해당 학생의 점수가 올라갑니다.

9   준비된 문제가 다 끝나면 가장 점수가 높은 팀원이 우승합니다.

+Plus Tips

- 신중한 활동을 위해서 틀린 답을 연속으로 2번 쓸 경우 해당 학생은 다음 문제를 풀 수 없게 합니다.

- 문제의 난이도에 따라 점수에 차등을 주면 점수가 낮은 학생도 끝까지 긴장감을 잃지 않고 문제에 집중할 수 있습니다.

80
두 개의 진실, 하나의 거짓말

하 중 마무리 10분 ×
팀별로 4명씩 개인별 빈 카드 3장씩
이해의 명료화, 미니 강의 및 수업 정리, 한 단원 마무리

〈두 개의 진실, 하나의 거짓말〉은 거짓말을 해야 하는 활동입니다. 이 활동을 잘하기 위해서는 학생들이 개별로도, 팀별로도 배운 학습 내용을 면밀히 살펴봐야 하고, 창의적이고 분석적인 사고 과정을 거쳐야 합니다. 그럴듯한 거짓을 만드는 과정에서 자연스럽게 학습이 이루어지는 것이지요. 거짓을 만들어내기 위해, 그리고 그 거짓에 속아 넘어가지 않기 위해 학생들은 열심히 머리를 굴리며 학습에 진지하게 몰입하게 됩니다.

학생들은 한 사람당 3장의 빈 카드를 받습니다. 학습 내용을 잘 파악한 후 두 장의 카드에는 학습 내용과 관련된 진실을 담은 문장을 적고, 남은 한 장에는 아주 교묘한 거짓 정보를 적습니다. 팀별로 12장의 카드를 섞어 옆 팀에게 전달하면 주어진 시간 동안 팀별로 힘을 합쳐 거짓 카드를 가려내는 것이 미션입니다.

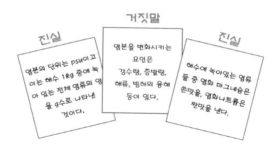

중학교 과학 〈두 개의 진실, 하나의 거짓말〉 카드 예시

활동 방법 🏃

1 모든 학생에게 3장의 빈 카드를 나누어 줍니다.

2 학생들은 배운 내용을 바탕으로 2장의 카드에는 진실된 정보를
적고, 나머지 한 장의 카드에는 거짓된 정보를 적습니다.

3 일정 시간이 지나면 팀별로 자신들이 쓴 12장의 카드의 내용을
함께 점검합니다.

4 선생님의 신호에 따라 12장의 카드를 모두 모아 옆 팀에 전달
합니다.

5 각 팀은 정해진 시간 동안 옆 팀에서 받은 12장의 카드를 보고
진실 카드와 거짓말 카드를 구분해 냅니다.

6 거짓말 카드를 모두 잘 찾아낸 팀에게 보상합니다.

- 가장 빨리 찾아내는 몇 팀에게만 보상을 하면서 게임적인 요소를 높일 수 있습니다.

- 옆 팀에게 받은 카드를 각 팀원이 세 장씩 나누어 갖고 거짓과 진실을 구별하게 하면 개인 책무성을 더 높일 수 있습니다.

- 학년 초 학생들 사이의 어색함을 깨는 〈아이스 브레이킹 – 두 개의 진실, 하나의 거짓말〉 활동으로도 진행해 보세요. 학생들은 자신과 관련된 두 개의 진실 카드를 만듭니다. 그리고 나에 대해서 다른 사람이 잘 모르거나 추측하기 힘든 내용을 바탕으로 한 개의 거짓말 카드를 만듭니다. 학급 친구들이 서로에 대한 진실과 거짓을 찾으며 조금씩 관심을 갖고 친해지게 됩니다.

81

문장 스크램블

⊕ 하　⊕ 상　⊞ 전개, 마무리　⊙ 10분　▣ ×

⊖ 팀별로 4명씩　⊟ 팀별로 풀 1개, 빈 종이 1장, 문장 스크램블 1세트

⊚ 강의 내용 확인, 수업 정리, 한 단원 마무리

‘Scramble’이라는 단어는 ‘뒤죽박죽으로 만들다’란 뜻이지요. 달걀을 휘저어 스크램블드 에그를 만드는 것처럼 학습 내용을 마구 뒤죽박죽 섞어서 문장으로 스크램블을 만들어 수업 시간에 활용해 보세요. 학생들이 머리를 맞대고 흐름에 맞춰 뒤섞인 문장들의 올바른 자리를 찾아줄 것입니다. 이 〈문장 스크램블〉 활동은 역사처럼 사건의 흐름이 중요한 내용을 배울 때, 수학처럼 과정이 중요한 내용을 배울 때, 그리고 과학 실험처럼 앞뒤 인과관계가 중요한 내용을 배울 때 유용합니다.

선생님은 우선 순서나 과정이 중요한 학습 내용을 선정합니다. 그 학습 내용에 들어 있는 문장들의 순서를 마구잡이로 바꿔서 문장 스크램블 활동지를 만듭니다. 이때 각 문장 앞에 임의로 섞인 문장의 순서대로 번호를 붙여주세요. 출력 후 문장별로 잘라서 한 팀당

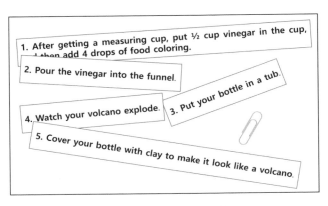

〈문장 스크램블〉 활동 예시

한 세트씩 클립으로 묶어 준비합니다. 이제 학생들은 팀별로 뒤섞인 문장들을 펼쳐 제대로 된 순서를 파악합니다. 그리고 빈 종이에 문장들을 순서에 맞게 붙여 선생님에게 제출합니다. 가장 빨리 통과한 팀의 순서대로 점수를 차등해서 준다면 활동의 긴장감이 더 올라갑니다.

활동 방법 🏃

1 각 팀에게 풀, 〈문장 스크램블〉한 세트, 빈 종이 한 장씩을 나누어 줍니다.

2 주어진 시간 동안 각 팀은 뒤섞인 문장들을 올바른 순서로 배열한 후 빈 종이에 풀로 붙여 제출합니다.

3 실수 없이 가장 빠르게 배열한 세 개의 팀이 우승합니다. 우승의 조건은 다양하게 변형할 수 있습니다.

4 전체 학생들과 학습 내용의 흐름을 함께 점검하고 생각 나누기를 합니다.

+Plus Tips

스크램블 묶음 중에 흐름과 무관한 문장 1~2개를 만들어 함께 넣을 수도 있습니다. 이때 학생들에게 흐름과 관계없는 문장을 제외하라고 하면 과제 몰입도를 더 높일 수 있습니다.

82

한마음 행 맨

⊛ 하 ⊟ 중 ⊞ 마무리 ⊙ 10분 ⊡ ×
⊚ 반 전체 ⊜ 학습 내용 관련 문제 파워포인트 자료, 운명의 컵
⊛ 수업 정리, 한 단원 마무리

원래 〈행 맨〉 게임은 제시된 영어 단어를 구성할 것이라고 예상되는 철자를 선택하는 것에서 시작합니다. 만약 그 선택이 틀렸다면 선생님이 얼굴, 몸통, 팔, 다리 순으로 칠판에 그림을 그려가지요. 7번의 기회 동안 제시된 영어 단어를 구성하는 철자를 제대로 알아내지 못하면 안타깝게도 행 맨이 처단되고 게임에서 지게 됩니다.

〈한마음 행 맨〉에서는 철자 대신 문제가 나옵니다. 학습 내용에 관련된 문제들을 하나씩 출제하는 것이지요. 만약 선정된 학생이 문제의 정답을 맞히지 못하면 행 맨이 칠판에 그려지게 됩니다. 행 맨의 운명은 학생들에게 달려 있습니다. 행 맨이 처단되기 전에 학생들이 문제를 잘 풀어 학생들이 이기게 될지, 아니면 행 맨이 결국 처단되어 선생님이 이기게 될지를 학생들과 내기해 보세요. 학생들은 행 맨을 살리기 위해 한마음으로 응원하게 되겠지요.

활동 방법 🏃

1 수업 전에 학습 내용을 바탕으로
7개의 문제를 만들어둡니다.

2 수업 정리 단계에서 운명의 컵을
사용하여 학생을 선정합니다. 선
정된 학생이 제시된 문제를 맞히
면 칠판에 아무것도 그리지 않습
니다.

〈한마음 행 맨〉 그림 예시

3 다음 학생을 선정합니다. 만약
그 학생이 문제에 정답을 말하지 못하면 행 맨을 칠판에 그려나
갑니다.

4 만약 수준 높은 문제라면 문제를 먼저 제시하고 학생들이 팀별
로 공부할 수 있는 시간을 줍니다.

5 준비한 문제가 다 끝날 때까지 행 맨 그림이 완성되지 않았다면
학생들이 우승, 준비된 문제가 다 해결되기 전에 행 맨 그림이
완성되었다면 선생님이 우승입니다.

⁺Plus Tips

학생들을 틀리게 하는 것이 아니라 실수를 통해 배우게 하는 것이 이 활동의 목표
이므로 문제를 틀린 학생에게 다시 도전할 기회를 주는 것도 좋습니다.

83
주사위 운명 게임

⊚ 중 ⊚ 중 ⊡ 마무리 ⊚ 10~15분 ▣ ×

⊚ 짝별로 2명씩 ⊚ 학습 내용 관련 문제 파워포인트 자료, 짝별로 주사위 1개,
개인별로 활동지 1장씩 ⊚ 학습 내용 정리, 수업 정리, 한 단원 마무리

문제를 풀 때마다 주사위 던지기로 학생들에게 짜릿한 긴장감과 성취감을 느끼게 해줄 훌륭한 수업 마무리 게임을 소개합니다. 우선 학생들은 주사위를 돌려 나온 숫자를 자신의 〈주사위 운명 게임〉 활동지에 적습니다. 그 후에 선생님이 제시하는 문제를 보고 자신이 생각하는 답을 활동지에 적습니다.

선생님이 발표한 정답과 학생이 작성한 답이 일치하면 주사위에 나온 숫자만큼 포인트가 올라갑니다. 하지만 답이 틀리면 그만큼 포인트가 떨어집니다. 따라서 주사위 숫자가 높은 것이 꼭 좋은 것만은 아닙니다. 혹시 문제를 틀렸다고 하더라도 주사위에서 작은 숫자가 나왔다면 안심이겠지요. 이렇듯 다양한 변수가 존재하기 때문에 〈주사위 운명 게임〉은 문제를 다 풀 때까지 학생들이 손에 땀을 쥘 수밖에 없습니다.

번호	주사위	나의 대답	O	X	점수
1	5	Not finishing his composition.	✓		+ 5
2	3	I came back home early so that		✓	− 3
3	6	Jerry was so excited that	✓		+ 6
4	1	Understood by my parents.		✓	− 1
5	1				
6					
7					
8					
9					Total
10					

중학교 영어 〈주사위 운명 게임〉 활동지 예시

활동 방법 🏃

1 모든 학생에게 〈주사위 운명 게임〉 활동지 한 장, 짝별로 주사위 한 개씩을 나누어 주고 짝끼리 1, 2번 순서를 정합니다.

2 1번 학생부터 주사위를 던집니다. 주사위에서 나온 숫자를 활동지의 '주사위' 칸에 적습니다. 그다음 2번 학생이 주사위를 던져서 나온 숫자를 활동지에 적습니다.

3 선생님이 문제를 내면 학생들은 자신의 활동지에 생각하는 답을 적습니다.

4 선생님이 정답을 알려줍니다. 맞았으면 'O'에 체크, 틀렸으면 '×'에 체크합니다. 그리고 점수란에 주사위 칸에 적은 숫자 앞에 '+, −'를 명시하여 점수를 적습니다.

5 마지막 문제까지 푼 뒤 점수가 더 높은 학생이 승리합니다.

84

피라미드 빙고

⊛ 하　🗨 하　🅟 마무리　⏱ 5~10분　📖 ×

👤 반 전체　📋 개인별 활동지 1장, 다른 색상 펜 2개

💬 개념의 명료화, 미니 강의 혹은 수업 정리, 한 단원 마무리

학생들이 스스로 수업 내용을 얼마나 파악하고 있는지 재미있게 점검해 볼 수 있는 활동을 소개합니다. 〈피라미드 빙고〉를 채우는 과정에서 학습 내용의 상위 개념, 하위 개념 및 중요 개념들과 부가적인 개념들을 구분하며 학생들은 학습 주제를 더 깊게 이해하게 됩니다.

빙고의 첫 번째 단계는 당연히 빙고 칸을 채우는 것이지요. 학생들은 중요 개념들을 학습 자료에서 골라내어 피라미드의 빈칸을 채웁니다. 빈칸을 채울 때 중요한 한 가지가 있습니다. 가장 중요한 내용 혹은 가장 상위 개념이라고 생각되는 것을 피라미드 맨 꼭대기에 채우는 것입니다. 그리고 그다음 중요도에 따라 순차적으로 아래쪽 단계의 빈칸들을 채워 나갑니다. 빙고 칸을 다 채웠으면 이제는 지워야 하겠지요. 학생들은 선생님의 설명을 잘 듣습니다. 그리고 그

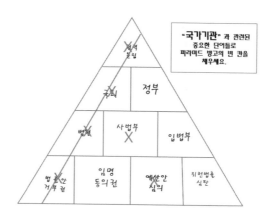

중학교 사회 〈피라미드 빙고〉 활동지 예시

설명에 해당되는 개념 및 어휘를 자신의 빙고 피라미드에서 찾습니다. 만약 있으면 해당 칸에 'X' 표시를 하면 됩니다. 학생들은 언제 "빙고!"를 외칠 수 있을까요? 바로 피라미드의 맨 꼭대기에서 바닥까지 직선으로 한 줄이 완성될 때입니다.

활동 방법 🏃

1. 학생들에게 〈피라미드 빙고〉 활동지를 한 장씩 배분합니다.
2. 학생들은 주어진 주제에 관한 중요한 개념으로 빙고 학습지의 빈칸을 채웁니다. 이때 개념들의 상위, 하위 개념을 판단하여 상위 개념(혹은 가장 중요한 개념)은 맨 위에, 하위 개념(혹은 상대

적으로 덜 중요한 개념)은 아래에 배치할 수 있도록 설명합니다.

3 일정한 시간이 끝나면 학생들은 펜 색상을 바꿉니다.

4 선생님이 하나의 개념을 설명합니다.

5 선생님의 설명에 해당되는 개념이 자신의 빙고판에 있다면 그 단어에 'X' 표시를 합니다. 해당 단어가 없으면 'X' 표시를 하지 못합니다.

6 선생님은 중요한 개념들을 계속해서 하나씩 설명하고, 학생들은 'X'를 표시합니다.

7 빙고의 맨 위 칸에서 아래까지 직선으로 'X' 표시를 하게 된 학생은 "빙고!"를 외치고 활동지를 선생님에게 제출합니다.

⁺Plus Tips

- 운명의 컵으로 학생을 선정하여 선생님 대신 학생이 자신의 빙고판에 있는 개념을 설명하게 해도 좋습니다.

- 빙고를 한 명이 아니라 10~15명의 학생까지 부를 수 있게 하면 끝까지 긴장감을 잃지 않고 활동을 할 수 있습니다.

- 학습 주제에 따라 6칸 빙고판 혹은 10칸, 15칸 빙고판을 만들어 활동할 수 있습니다.

85

짝꿍 피라미드 빙고

⊛ 하 　⊜ 하 　⊞ 마무리 　⊠ 5~10분 　⊡ ×
⊛ 짝별로 2명씩 　⊜ 개인별 활동지 1장, 다른 색상 펜 2개
⊛ 학습 내용 정리, 수업 혹은 한 단원 마무리

반 전체가 함께하는 〈84. 피라미드 빙고〉 대신 짝꿍끼리 피라미드 빙고를 할 수도 있습니다. 〈짝꿍 피라미드 빙고〉를 하기 위해서 우선 두 학생은 서로의 등을 맞대고 앉습니다. 그리고 서로 돌아가며 중요한 개념들을 짝꿍에게 등 너머로 들려줍니다. 상대방은 그 설명을 집중해서 잘 듣고 자신의 빙고판에 설명된 개념이 있으면 지우면 되는 것이지요. 등으로 친구의 따뜻한 체온을 느끼며 상대방의 목소리에 집중해야 하는 인간미 넘치는 활동으로 학생들에게 배움이 일어나게 해주세요.

활동 방법 🏃

1 학생들에게 피라미드 빙고 활동지(〈84. 피라미드 빙고〉 참고)를

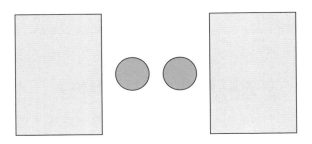

〈짝꿍 피라미드 빙고〉 자리 배치

나누어 줍니다.

2 각 학생은 학습 자료에서 중요 개념들을 선정해서 빙고의 빈칸을 채웁니다.

3 빙고판이 완성되면 짝끼리 등을 맞대고 앉습니다.

4 한 명씩 돌아가며 자신의 빙고판에서 유리한 위치에 있는 개념을 찾아 설명합니다.

5 등 너머로 상대방의 설명을 들으며 자신의 빙고판에서 해당 개념을 찾아 지웁니다.

6 둘 중 먼저 세로로 직선을 만들고 빙고를 외치는 학생이 우승합니다.

86

틱–택–토

○ 하   ○ 중   ○ 전개, 마무리   ○ 5~10분   ○ ×
○ 짝별로 2명씩   ○ 짝별로 활동지 1장
○ 학습 내용 정리, 수업 마무리

일반적인 땅따먹기에서는 가장 많은 땅을 차지하는 사람이 이기지만 〈틱–택–토〉에서는 직선으로 땅 3개를 먼저 정복해야 우승합니다. 물론 진짜 땅은 아닙니다. 학생들이 방금 배운 학습 내용을 정리할 수 있는 9개의 과제가 땅을 대신합니다.

게임에서 우승자가 되기 위해서 학생들은 9개의 과제 중 자신에게 유리하도록 전략적으로 과제를 선택해야 합니다. 따라서 쉬워 보이는 과제만 선택할 수 없고, 짝을 방어하기 위해서는 과제가 어려워 보여도 짝의 진행 방향에 있는 과제를 선택해야 합니다. 과제를 해결하기 위해서만 두뇌를 쓰는 것이 아니라 게임의 우승 전략을 위해서도 두뇌를 써야 하는 것이지요. 이 과정을 통해 학생들은 즐겁게 활동에 몰입하게 됩니다.

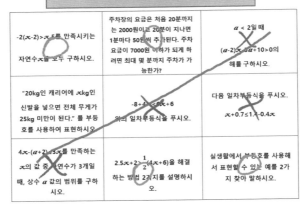

일차부등식 틱-택-토(Tic-Tac-Toe)		
-2(x-2)>x를 만족시키는 자연수 x를 모두 구하시오.	주차장의 요금은 처음 20분까지는 2000원이고 20분이 지나면 1분마다 50원씩 추가된다. 주차 요금이 7000원 이하가 되게 하려면 최대 몇 분까지 주차가 가능한가?	a < 2일 때 (a-2)x-3a+10>0의 해를 구하시오.
"20kg인 캐리어에 xkg인 신발을 넣으면 전체 무게가 25kg 미만이 된다." 를 부등호를 사용하여 표현하시오	-8+4<6x+6 위의 일차부등식을 푸시오.	다음 일차부등식을 푸시오. x+0.7≤1.1-0.4x
4x-(a+2)-3x를 만족하는 x의 값 중 연수가 3개일 때, 상수 a 값의 범위를 구하시오.	2.5x+2>½(4x+6)을 해결하는 방법 2가지를 설명하시오.	실생활에서 부등호를 사용해서 표현할 수 있는 예를 2가지 찾아 말하시오.

중학교 수학 〈틱-택-토〉 활동지 예시

활동 방법 🏃

1 수업 전에 학습 내용과 관련된 과제 혹은 질문 9개를 선정하여 〈틱-택-토〉 활동지를 만듭니다.

2 활동 시간이 되면 짝별로 활동지를 한 장씩 나누어 줍니다.

3 활동지에 나와 있는 과제들을 각자 검토할 시간을 갖습니다.

4 두 학생은 가위바위보로 먼저 공격할 사람을 선정하고 O, X 중 하나의 표식을 선택합니다.

5 이긴 학생은 활동지에서 과제를 하나 선택하여 해결합니다.

6 과제 해결에 성공했으면 그 과제 위에 자신이 선택한 표식을 크게 적어 자기 땅임을 나타냅니다.

7 그다음 순서의 학생이 선택되지 않은 과제 중 하나를 골라 해결합니다. 만약 성공하면 자신의 표식을 그려 넣습니다.

8 만약 각 과제가 잘 해결되었는지 확신이 들지 않을 때는 학생들이 선생님에게 도움을 요청합니다.

9 먼저 직선으로 과제 3개를 성공하여 〈틱-택-토〉를 완성한 학생이 우승입니다.

+**Plus Tips**

학습 내용에 관련된 다양한 과제들을 학생들 스스로 구성하여 창의적인 〈틱-택-토〉 활동을 만들 수도 있습니다. 4명이 한 팀이 되어 〈틱-택-토〉 활동지를 옆 팀과 바꿔서 활동할 수도 있고, 팀을 둘로 나눠 짝끼리 활동지를 함께 만든 후 팀 내에서 서로 바꾼 뒤 활동을 할 수도 있습니다.

87

문장 저글링

⊗ 중　⊚ 중　◉ 전개, 마무리　⊙ 10분　▣ ×
⊛ 분단별 혹은 팀별로 10명씩
⊜ 팀별로 문장 저글링 1세트, 빈 종이 1장, 풀 1개　◉ 학습 내용 정리, 수업 마무리

서커스에서 곡예사가 여러 개의 공을 공중으로 올려 떨어뜨리지 않고 돌리는 것이 저글링이지요. 교실에서는 공 대신 문장을 이리저리 돌려 〈문장 저글링〉 활동을 진행합니다. 수업 전에 학생들이 배울 학습 내용을 미리 선생님의 말로 요약해서 준비하는 것이 이 활동의 핵심입니다. 이때 교과서의 예시들은 빼고 다른 예들을 첨가하거나 설명에서 쓰인 어휘를 의미가 비슷한 다른 어휘로 바꾸는 등 교과서 내용을 편집 요약합니다. 즉 다루는 내용은 기본적으로 같지만 표현이 다른 요약을 만드는 것입니다. 이제 학생들이 학습 내용을 제대로 이해했는지 문장 저글링으로 점검할 차례입니다.

선생님은 팀을 구성하는 학생의 수에 맞게 학습 내용 요약을 문장별 혹은 어구별로 잘라서 준비합니다. 그리고 한 학생당 하나의 문장 혹은 어구를 나누어 줍니다. 학생들은 팀끼리 모여 각자가 가진

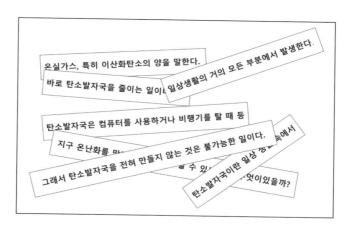

온실가스, 특히 이산화탄소의 양을 말한다.

일상생활의 거의 모든 부분에서 발생한다.

바로 탄소발자국을 줄이는 일이

탄소발자국은 컴퓨터를 사용하거나 비행기를 탈 때 등

지구 온난화를

그래서 탄소발자국을 전혀 만들지 않는 것은 불가능한 일이다.

할 수 있

탄소발자국이란 일상 ...에서

...엇이있을까?

중학교 사회 〈문장 저글링〉 활동지 예시

쪼개진 문장(어구)들을 흐름에 맞춰 순서대로 배치하여 '선생님 요약 버전'을 다시 완성해야 합니다. 혼자서는 수행하기도 어렵고, 한 학생이 독점할 수도 없는 활동입니다. 모두가 참여해서 질문하고, 의견을 나누고, 생각하고, 수정을 거듭한 후에 비로소 활동을 마무리할 수 있습니다.

정확성을 위해서 다시 학습 내용을 떠올려 보고 비교해 보아야 합니다. 학생들이 함께 문장(어구)을 이리저리 배치시켜보는 것이 마치 저글링을 하는 모습처럼 보이지요. 이 저글링 과정 자체가 학생들의 이해를 돕는 학습 과정입니다. 저글링은 공으로만 가능한 것이 아닙니다. 가끔은 문장으로도 학습이 되는 저글링을 해보세요.

활동 방법 🏃

1 수업 전에 선생님이 직접 학습 내용을 요약한 후 각 문장 혹은 어구 별로 잘라 팀별로 나눠 줄 〈문장 저글링〉 세트를 준비합니다.

2 한 분단을 한 팀으로 묶고, 각 팀의 학생들은 저글링 문장(어구)을 하나씩 나누어 갖습니다.

3 신나는 음악을 배경으로 학생들은 자신의 저글링 문장을 가지고 팀별로 모여 흐름에 맞춰 순서대로 정리합니다. 정리한 저글링 문장들을 빈 종이에 순서대로 붙여서 선생님에게 제출합니다. 제한 시간은 음악이 끝날 때까지입니다.

4 제한 시간까지 흐름에 맞게 문장들을 잘 정리한 팀은 모두 보상을 받습니다.

5 정리가 제대로 되지 않은 팀들의 저글링 문장은 반 전체가 함께 수정해 봅니다.

6 선생님이 요약한 내용에 대해 반 전체 학생들과 생각 나누기 시간을 갖습니다.

88

미니 페차쿠차

⊛ 하　⊜ 중　🏳 마무리　⏱ 10~15분　🖼 ×
　👤 팀별로 4명씩　📋 파워포인트 자료, 운명의 컵
　🔖 학습 내용 정리, 수업 마무리

'페차쿠차(Pecha Kucha)'는 파워포인트로 20장의 사진 자료를 장당 20초씩 발표하여 한 가지 주제에 대해 설명하는 프리젠테이션 방식입니다. 수업에서 활용할 때는 사진 자료의 개수를 줄여 〈미니 페차쿠차〉로 진행해 봅시다. 선생님은 수업 전에 학습 주제에 관련된 10장의 사진 자료를 준비하면 됩니다. 각 사진에서 연상되는 학습 내용을 20초 동안 설명하는 것이 학생들의 미션입니다.

학습 내용이 시각 자료로 제시되고, 사진에서 내포하고 있는 내용을 유추하는 과정인 '연상'이 학생의 두뇌를 활성화시켜 학생들의 정보 보유력을 높입니다. 또한 '20초'라는 짧은 시간 동안 학습 내용을 조리 있게 전달해야 하기 때문에 발표하는 학생은 순발력, 전달력, 의사소통 능력도 키울 수 있습니다. 이 활동을 통해서 발표하는 학생뿐만 아니라 발표를 듣는 나머지 학생들 모두에게 자연스럽게 배움이 일어납니다. 특히 발표자가 20초에 맞춰 어떻게 전달하는지를 지켜보는 것도 학생들에게 즐거운 관전 포인트가 됩니다.

활동 방법 🏃

1. 수업 전에 핵심어 10개를 선정하고, 관련 사진 자료 10개를 찾아 〈미니 페차쿠차〉 프레젠테이션 자료를 만듭니다.
2. 활동 전에 학생들에게 팀별로 핵심어를 선별하고 각 핵심어를 20초 동안 설명하는 것을 연습할 수 있는 시간을 줍니다.
3. 운명의 컵으로 학생 한 명을 선정하고 파워포인트 슬라이드 쇼를 실행합니다. 선정된 학생은 화면에서 사진 슬라이드를 보고 연상되는 핵심어를 떠올려 20초 동안 설명합니다. 발표 수준에 따라 선생님은 발표 학생의 팀에 점수를 줄 수 있습니다.
4. 다음 학생을 선정한 후 두 번째 사진 슬라이드를 제시합니다.
5. 준비된 사진 슬라이드가 끝날 때까지 활동을 계속합니다.

⁺Plus Tips

발표 시간 전에 학생들에게 준비한 〈미니 페차쿠차〉 자료를 미리 보여줄 수도 있습니다. 학생들은 팀별로 모여 각 사진 자료가 의미하는 내용을 서로 상의하고, 각 슬라이드에 맞춰 20초 프레젠테이션을 함께 준비합니다. 즉 무엇이 나올지 파악한 후에 연습하는 시간을 팀별로 갖는 것이지요.

89

문장 완성하기

⊛ 하　⊜ 하　▣ 마무리　⊙ 5~10분　▣ ○
⊗ 개인별　☞ 개인별 활동지 1장
⊜ 자기 주도 발견 학습, 학습 내용 정리, 수업 혹은 한 단원 마무리

특정 주제를 학습한 후 학생 스스로 자신의 학습을 효율적으로 정리해 볼 수 있는 활동이 있습니다. 학습 읽기 자료(혹은 교과서)를 읽거나 학습 자료 영상을 본 후, 혹은 특정 주제의 강의가 마무리되어 학생들이 주제에 관해 생각을 정리할 시간이 필요한 시점에 자주 활용될 수 있는 〈문장 완성하기〉 활동입니다. 활동의 배치 시점에 따라 이 활동은 다양하게 쓰입니다. 만약 강의 전에 배치하면 자기 주도 발견 학습 활동으로, 강의 후에 배치하면 학습 내용 정리 활동으로 활용되는 것이지요.

활동지에는 "이 글의 주제는…", "이 수업(미니 강의)에서 내가 배운 것은…", "내가 가장 동의하는 부분은…", "내가 가장 궁금한 것은…"과 같은 미완성의 문장들이 제시되어 있습니다. 모두 학생들이 학습 내용을 진지하게 돌아보게 만드는 문장들이지요. 학생들은

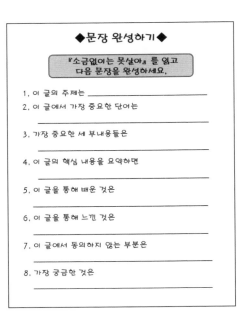

중학교 국어 〈문장 완성하기〉 활동지 예시

자신의 이해와 생각을 바탕으로 이 문장들을 완성해야 합니다.

이 활동의 목표는 자신이 이해한 내용의 옳고 그름만을 따지는 것이 아닙니다. 자신의 생각을 자유롭게 표현하고, 명확하게 다듬고, 비판적으로 생각해 보는 기회를 갖는 것입니다. 따라서 토론이나 주제 글쓰기와 같은 고차원적인 활동이나 〈18. 생각-짝-나누기〉 활동과 연계할 수 있습니다. 또한 각 개인 학생의 배움의 과정을 잘 보여주고 있기 때문에 과정 평가의 자료로 활용될 수 있습니다.

활동 방법 🏃

1 학습 자료 제시와 함께, 혹은 미니 강의 후나 수업 마무리 단계에서 〈문장 완성하기〉 활동지를 모든 학생에게 나누어 줍니다.

2 학생들은 학습 자료에 대한 자신의 생각을 정리하여 활동지에 주어진 문장들을 완성시킵니다.

3 활동지를 모두 완성하면 팀원들과 서로 돌아가며 자신이 완성한 문장을 말하며 주제에 관해 생각 나누기를 합니다.

⁺Plus Tips

- 문장을 완성하는 동안 상황에 따라 학습 자료를 참고하게 할 수도, 참고하지 못하게 할 수도 있습니다. 이는 활동지를 나눠 주기 전에 공지해 주세요.

- 시간이 허락된다면 팀별 나누기가 끝난 후 운명의 컵으로 몇몇 학생들을 선정하여 전체 학생과 생각 나누기로 발전시킬 수 있습니다.

90

함께 문장 완성하기

ⓐ 하　ⓑ 하　ⓒ 마무리　ⓓ 5~10분　ⓔ ○
ⓕ 짝별로 2명씩　ⓖ 개인별 활동지 1장
ⓗ 자기 주도 발견 학습, 학습 내용 정리, 수업 혹은 한 단원 마무리

기본적인 형태는 〈89. 문장 완성하기〉와 같지만 〈함께 문장 완성하기〉 활동에서는 짝과 다른 생각을 서로 상의하여 의견을 하나로 모으는 과정이 추가됩니다. 활동지에 짝의 의견에 동의하는 부분이나 동의할 수 없는 부분, 서로 다른 생각에 타협점을 찾은 부분을 적는 문장들을 포함시킵니다. 상대방의 의견에 귀 기울이고 내 의견을 설명하며 두 견해를 통일시키는 토론 과정을 통해 학생들은 학습 내용을 더 깊게 이해할 수 있으며 비판적, 성찰적 사고력도 키울 수 있습니다.

활동 방법 🏃

1　학습 활동 후 〈함께 문장 완성하기〉 활동지를 모든 학생들에게

◆함께 문장 완성하기◆

『소금없이는 못살아』를 읽고
다음 문장을 완성하세요.

1. 이 글에서 가장 중요한 단어는
_____

2. 이 글의 핵심 내용을 요약하면
_____

3. 이 글을 통해 배운 것은
_____

4. 이 글을 통해 느낀점은
_____

5. 내 짝이 말한 내용 중에 가장 동의하는 부분은
_____

6. 내 짝이 말한 내용 중 가장 동의할 수 없는 부분은
_____

7. 6번 문장에 대해 서로 타협한 부분은
_____

중학교 국어 〈함께 문장 완성하기〉 활동지 예시

나누어 줍니다.

2 각 학생은 활동지 상단(1번~4번)에 있는 자신의 생각을 정리하는 문장들을 개인적으로 완성합니다.

3 상단 문항의 문장 완성이 끝나면 짝별로 모여 서로의 완성된 문장을 나누고 다른 생각을 조율하며 생각 나누기 활동을 합니다.

4 생각 나누기 활동 후 각 학생은 자신의 활동지 하단(5번~7번) 문항의 문장들을 완성합니다.

91

스피디 서클

⊛ 중 ⊛ 중 ⌗ 마무리 ⏱ 5~10분 📖 × 👤 팀별로 4명씩
📑 팀별로 활동지 1장, 개인별로 서로 다른 색상 펜 1개씩
💬 수업 마무리, 한 단원 평가

〈스피디 서클〉은 한순간에 학생들의 집중력을 최대치로 끌어올리는 활동입니다. 활동지에서 필요한 정보를 찾아 가장 먼저 동그라미를 치는 사람이 이기는 팀 게임으로 진행됩니다.

〈스피디 서클〉 활동지에 어떤 내용을 담느냐에 따라 학생들의 다양한 능력을 파악해 볼 수 있습니다. 예를 들어 중요한 개념들과 그것들의 정의를 연결하는 활동이나 새로운 어휘와 그 의미를 파악하는 활동 혹은 학습 내용의 흐름이나 과정을 점검하는 활동 등이 가능합니다.

학생들은 활동 중 모든 순간에 집중합니다. 선생님의 입에서 나오는 말, 나의 움직임, 친구들의 움직임까지 모두 중요하기 때문에 활동 시작부터 끝까지 손에 땀을 쥐게 되지요. 따라서 문제를 맞혀도, 틀려도 학습이 됩니다. 이렇듯 활동 과정 자체가 게임인 동시에 학

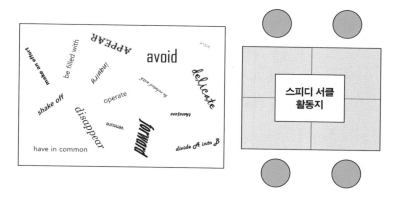

〈스피디 서클〉 활동지 및 책상 배치 예시

습인 〈스피디 서클〉 덕분에 학생들은 선생님의 수업 시간을 기다리게 됩니다.

활동 방법 🏃

1. 선생님은 중요한 개념이나 새로운 어휘를 15~20개 정도 선별해서 〈스피디 서클〉 활동지를 만듭니다.
2. 활동 시간에 선생님이 팀별로 활동지를 한 장씩 나누어 주고, 각 팀은 책상 한가운데에 활동지를 배치합니다.
3. 팀원들은 각기 다른 색상의 펜을 가지고 준비합니다.
4. 선생님이 개념의 정의를 불러주면 학생들은 활동지에서 관련 단어 혹은 예시 등을 빠르게 찾습니다.

5 정답에 가장 먼저 자신의 색깔 펜으로 동그라미를 그린 학생이
   그 문제의 점수를 가져갑니다.

6 모든 문제를 다 풀 때까지 위의 과정을 반복합니다.

7 가장 많은 점수를 얻은 학생이 우승합니다.

⁺Plus Tips

- 폰트와 글자 크기를 다양하게 활용하여 〈스피디 서클〉 활동지를 더욱 매력적으로 만들어보세요. 헷갈릴수록 더 재미있어집니다.

- 틀린 어휘나 개념, 과정들도 함께 넣어 활동지를 만들면 학생들의 집중력을 더 높여줍니다.

- 초반부 5문제는 1점씩, 그다음 문제부터는 점수를 1점씩 더해 마지막 문제는 5점으로 각 문제의 점수에 차등을 줍니다. 이렇게 하면 역전이 가능해 학생들이 끝까지 포기하지 않고 활동의 마지막 순간까지 긴장감을 유지합니다.

- 각 팀의 1번끼리 모여 한 팀, 2번끼리 모여 한 팀을 만드는 것처럼 직소(jigsaw) 방식으로 운영해 보세요. 새로운 팀에서 획득한 점수를 가지고 자신의 원래 팀으로 돌아가 4명의 점수를 모아서 우승팀을 선정하면 학생들의 책임 의식을 더 높여줄 수 있습니다.

92

너를 칭찬해

ⓘ 하　ⓘ 하　ⓟ 마무리　ⓘ 5분　ⓘ ○
ⓘ 개인별 혹은 짝별로 2명씩 혹은 팀별로 4명씩　ⓘ 개인별로 활동지 1장
ⓘ 이해의 명료화, 수업 마무리

수업이 끝날 때쯤 학생들에게 오늘 수업 시간에 배운 것을 점검해
보도록 합니다. 학생들은 정확하게 파악하지 못한 개념, 어려운 어
휘, 해결하지 못한 문제들을 체크합니다. 점검이 끝나면 짝 혹은 팀
으로 모여 이해하지 못한 부분에 대해 서로 공유합니다. 짝 혹은 팀
원들은 자신의 능력 안에서 최선을 다해 설명해 줍니다. 만약 해결
이 되지 않으면 함께 관련된 학습 자료를 다시 한번 찾아보거나 다
른 팀 혹은 선생님에게 도움을 요청합니다. 이 활동의 핵심은 궁금
한 점을 해결할 때의 과정을 짝 혹은 팀이 서로 도와주며 함께한다
는 점입니다.

궁금한 점이 해결되었다면 이제 〈너를 칭찬해〉 노트를 쓸 시간입
니다. 이때 구체적으로 자신이 궁금했던 점이 무엇이었으며 어떻게
해결이 되었는지, 그리고 친구에게 어떤 점에서 고마웠는지 구체적

◆ 너를 칭찬해 ◆

1. 내가 궁금했던 점, 나의 질문

2. 궁금, 질문의 해결

3. 해결과정

4. 궁금증 해결에 도움을 준 친구

5. 너에게 감사해 & 너를 칭찬해

〈너를 칭찬해〉 활동지 예시

으로 적습니다. 즉 학습 정리하기, 진흙탕 찾아 해결하기 그리고 칭찬하기를 한꺼번에 할 수 있는 기특한 활동이지요. 〈너를 칭찬해〉 활동을 통해 학생들은 '도움', '감사함', '배려'는 받을 때보다 줄 때 더 행복해진다는 점을 자연스럽게 배우게 됩니다. 이 칭찬 활동으로 훈훈하고 아름답게 수업을 마무리해 봅시다.

활동 방법 🏃

1 수업 마무리 시간에 학생들이 개별적으로 학습 내용을 훑어보며 잘 이해가 되지 않는 부분을 찾도록 합니다.

2 학생들은 짝 혹은 팀별로 모여 순서를 정해서 한 명씩 돌아가며

궁금한 점들을 함께 나눕니다.

3 친구의 질문에 답을 알면 설명해 줍니다. 만약 정확하게 알지 못하면 교과서나 학습지, 필기 등을 찾아보거나 선생님에게 질문하여 궁금한 점을 함께 해결합니다.

4 모든 학생에게 〈너를 칭찬해〉 활동지를 나누어 줍니다.

5 학생들은 활동지에 자신이 궁금했던 점, 질문과 해결 과정 그리고 그 과정에서 누가 어떻게 도움이 되었는지와 그 친구들에게 전하는 감사와 칭찬을 구체적으로 적습니다.

6 활동지를 선생님에게 제출하기 전 짝끼리 혹은 팀별로 도움을 준 친구들에게 구체적인 이유와 함께 감사함을 표현하거나 칭찬합니다.

7 선생님은 활동지를 걷은 뒤 수업 후에 확인합니다. 학생들의 궁금한 점들이 올바르게 해결되었는지 점검하고 보충이 필요한 내용을 체크해서 다음 시간에 언급합니다.

8 활동지는 과정 평가 자료로 활용할 수 있습니다.

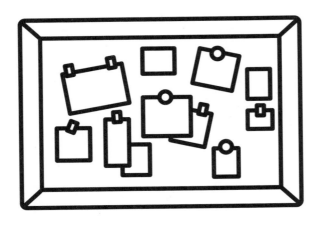

Part 9
가르쳐야 할
학습 내용이 많을 때

93
안내 발견 학습

⊛ 하　◎ 상　⊠ 시작　⊠ 15~20분　▣ ○
⊙ 개인별　▣ 개인별 활동지 1장
⊛ 자기주도 학습, 발견 학습, 이해의 명료화

만약 오늘 수업에 강의할 내용이 너무 많다면 강의를 아예 생략해 버리는 수업법은 어떨까요? 학생들이 학습 내용을 스스로 발견하게 하면 배울 양이 많아도 오히려 지치지 않고 수업에 참여할 수 있습니다. 이 아이디어에서 착안해 나온 것이 바로 학습 자료(교과서, 동영상, 학습지 등)와 활동지를 통해 학생 스스로 지식을 찾게 하는 수업 방법인 '안내 발견 학습(Guided Discovery Learning)'입니다.

학생들은 미니 강의 대신 학습 자료와 활동지로 필요한 정보를 찾아내고, 〈안내 발견 학습〉 활동 후에는 선생님과 생각 나누기 혹은 초미니 강의를 통해 자신이 발견한 학습 내용을 점검합니다. 이렇듯 선생님의 방식대로 정리된 내용을 수동적으로 전달받는 것보다 스스로 지식을 찾고 자신의 방식대로 그 지식을 소화하게 될 때 학생들의 생각이 자극되고 학습 의욕도 높아집니다.

활동 방법 🏃

1 활동 전 학습 내용의 중요한 단어, 핵심 개념에 대해 짧게 설명한 후 학생들에게 〈안내 발견 학습〉 활동지를 한 장씩 줍니다.

2 학생들은 교과서 혹은 학습 자료를 활용하여 개별적으로 활동지를 완성합니다.

3 〈짝-나누기〉 혹은 〈팀-나누기〉 활동과 연계해 짝이나 팀끼리 모여 각자의 학습지로 발견한 내용에 대해 생각을 나누는 시간을 갖습니다. 만약 서로 다른 내용이 있으면 상의하여 의견을 조율합니다.

4 선생님과 반 전체는 활동지의 질문을 함께 확인합니다. 이때 선생님은 핵심 개념에 대해 다시 한번 짧게 설명합니다.

• 중학교 사회 〈안내 발견 학습〉 활동지 예시 •

● **〈시장 가격의 변동〉 – 공급의 변화 요인**

상품의 가격이 변하면 공급량이 변화하지만, 상품 가격 이외의 요인이 변화하면 공급 자체가 증가하거나 감소한다.

공급에 영향을 미치는 요인으로는 우선 원자재 가격, 임금, 이자 등과 같은 생산 요소의 가격 변화를 들 수 있다. 생산 요소의 가격이 하락하면 공급자는 동일한 생산 비용으로 더 많은 상품을 생산할 수 있게 되므로 공급을 늘릴 것이다. 이와 반대로 생산 요소의 가격이 상승하면 공급자는 생산을 통해 얻을 수 있는 이익이 줄어들게 되므로 공급을 줄일 것이다.

생산 기술의 발달이 공급에 영향을 미치기도 한다. 어떤 상품을 생산하는 기술이 발달하여 생산성이 높아지면 공급자에게는 생산 비용이 줄어드는 효과를 가져오므로 상품의 공급이 증가하게 된다.

이 밖에 공급자 수의 증감도 공급에 영향을 줄 수 있다. 상품을 공급하는 기업의 수가 증가하면 공급이 증가하고, 일부 기업이 생산을 중단하여 공급자의 수가 감소하면 공급 또한 감소한다. 또한 미래 가격에 대한 예상도 상품의 공급을 변화시킨다. 미래에 어떤 상품의 가격이 오를 것으로 예상되면 공급자들이 가격이 오른 후 상품을 판매하려고 할 것이므로 공급이 감소한다. 반면 상품의 가격이 내릴 것으로 예상되면 공급은 증가하게 된다.

1. 다음 질문에 '예 / 아니오'로 대답하세요.

(1) 상품의 공급량은 오직 상품의 가격에 따라서 변화하나요?(예 / 아니오)

(2) 상품의 생산 기술이 상품의 공급량 변화에 영향을 미칠 수 있나요?(예 / 아니오)

2. 상품의 공급량 변화의 요인을 모두 찾아 써보세요.

---

3. 생산 요소의 가격 변화가 상품의 공급량에 변화를 주는 이유를 설명해 보세요.

---

4. 흉년이 들어 콩 가격이 작년에 비해 올해 두 배 상승했습니다. 두유를 생산하는 한미유업의 올해 두유 공급량이 어떻게 될지 예상해 보세요.

---

5. 미래에 어떤 상품의 가격이 오를 것으로 예상되면 공급이 감소한다고 합니다. 이제 곧 겨울입니다. 공급이 감소될 것이라고 예상되는 상품 3가지를 찾아보세요.

94
올해의 인물 인터뷰

◎ 하 ◎ 상 ◎ 시작, 중간, 마무리 ◎ 30분 ◎ ○
◎ 팀별로 4명씩(두 팀이 함께 활동) ◎ 〈Time〉 표지 활동지, 팀별로 인터뷰 활동지 1장,
개인별 별 스티커 1개 ◎ 사고력 향상, 이해의 명료화, 단원 마무리

"Students are learning by doing." 학생들은 체험하면서 배울 때 가장 잘 배웁니다. 이 활동은 학생들이 학습 내용의 주체가 되어 지식을 직접 파헤쳐보는 자기 주도 발견 학습의 한 종류입니다. 이 활동의 전제 조건은 수업의 주도권을 학생에게 넘기는 것입니다. 오늘 배울 학습 내용을 날것인 상태 그대로 학생들에게 주면 학생들은 직접 학습 자료를 읽고 팀별로 서로 가르쳐주고 배웁니다. 물론 부족한 부분은 선생님이 옆에서 보충해 줄 수 있지만 학생들의 주도성을 헤쳐서는 안 됩니다.

〈올해의 인물 인터뷰〉는 두 팀, 즉 8명의 학생들이 함께 활동합니다. 두 팀 중 한 팀은 '올해의 인물'을 맡고, 다른 한 팀은 '인터뷰 진행자' 역할을 맡는 것이지요. 인터뷰 진행자를 맡은 팀은 학습 자료의 이해를 바탕으로 올해의 인물에게 물어볼 질문들을 만듭니

〈올해의 인물 인터뷰〉 활동지 예시

다. 이때 학습 내용 이해 질문을 넘어 실생활 적용, 대안 등 고등 사고력 질문까지 아우르는 질문지를 만들도록 합니다. 올해의 인물을 맡은 팀은 상대방 팀에서 물어볼 질문을 예상하고 그에 대한 답변을 학습 자료를 바탕으로 준비합니다. 이때 학습 주제에 관련된 실생활의 예, 사회적 이슈, 해결 방안까지 함께 논의합니다.

인터뷰가 끝나면 각 팀은 인터뷰를 바탕으로 기사를 구성하고 교실에 게시합니다. 같은 학습 내용을 다루지만 팀마다 다른 결과물이 도출되지요. 학생들의 별 스티커 투표를 통해 가장 유의미한 결과물을 선정할 수도 있습니다.

활동 방법 🏃

1 두 팀을 묶어 8명으로 진행합니다. 한 팀은 '올해의 인물' 역할을, 나머지 한 팀은 '인터뷰 진행자' 역할을 맡습니다.

2 각 팀은 제한 시간 동안 함께 학습 자료를 바탕으로 역할에 맞는 인터뷰 시나리오를 만들고 인터뷰 준비를 하며 학습합니다.

3 제한 시간이 끝나면 각 팀에서 인물 역할 2명(올해의 인물 1명, 인터뷰 진행자 1명)과 잡지 발행인 2명을 정합니다.

4 학습 내용을 반으로 나누어 각각 올해의 인물 1명과 인터뷰 진행자 1명이 한 부분씩 담당합니다.

5 인터뷰를 하는 동안 각 팀의 잡지 발행인들은 인터뷰 내용을 메모합니다.

6 인터뷰가 끝나면 각 팀은 인터뷰 내용을 바탕으로 해당 학습 주제에 관련된 인터뷰 기사를 발행합니다.

7 인터뷰 기사를 발행하며 새롭게 배운 점, 부족한 점 등에 관해 반 전체 생각 나누기 시간을 갖습니다.

8 각 팀의 인터뷰 기사를 칠판 및 게시판에 붙여 갤러리 워크를 만든 후 모든 학생들이 다 읽어보고 가장 좋은 기사에 별 스티커를 붙입니다.

⁺Plus Tips

각 학생의 역할을 인터뷰 활동 직전에 뽑아주세요. 그래야 인터뷰를 준비하는 시간 동안 모든 학생이 책임감을 가지고 학습에 참여합니다.

95
스피드 10초 질문 레이스

———

⊛ 하　⊕ 중　⊟ 중간, 마무리　⊡ 10분　⊡ ×
⊛ 반 전체 혹은 팀별로 4명씩
⊛ 문제 파워포인트 자료, 운명의 컵　⊛ 암기력 향상, 이해의 명료화

수업을 하다 보면 학생들이 많은 학습 내용을 정확히 암기하는 것
이 중요할 때가 있습니다. 가령 구구단을 암기할 때는 비슷비슷해
보이는 단순한 구구단 문제를 수도 없이 풀게 됩니다. 풀면서 실수
하고, 실수를 고치는 과정에서 자연스럽게 구구단에 익숙해지고 암
기하게 되지요. 이 방식을 수업에 적용해 볼 수 있습니다.

이 활동에서는 실수하지 않으려는 노력은 중요하지 않습니다. 대신
학생들이 최대한 많은 문제를 통해 학습 내용에 관해 고민해 볼 기
회, 그래서 익숙해지는 기회를 갖는 것이 중요합니다. 학생들이 빠
른 속도로 많은 문제를 머릿속으로 풀며 동시에 배우게 하는 것이
〈스피드 10초 질문 레이스〉 활동의 목표입니다. 수업 전에 20~30
개 정도의 단답형 혹은 간단한 선다형 문제를 만들어 두세요. 오늘
은 선생님의 설명 대신 선생님이 만든 문제가 주인공입니다.

활동 방법 🏃

1 〈스피드 10초 질문 레이스〉 문제를 파워포인트로 만들어 모든 학생이 볼 수 있도록 한 문제씩 화면에 띄웁니다.

2 학생들이 문제를 읽고 머릿속으로 대답을 생각할 시간을 10초 줍니다.

3 운명의 컵으로 학생을 한 명 뽑아 문제를 풀게 합니다.

4 정답이면 다음 문제로 넘어가고, 오답이면 다른 학생을 선정해서 문제를 풀게 합니다.

5 준비된 문제가 끝날 때까지 활동을 계속합니다.

⁺Plus Tips

- 만약 높은 수준의 문제나 깊은 생각이 요구되는 문제를 출제한다면 생각할 시간을 좀 더 주거나 팀별로 생각 나누기를 할 시간을 주어야 학생들의 심리적 부담을 줄일 수 있습니다.

- 〈5. 또래 교수법〉 활동과 결합하면 한층 액티브한 수업을 디자인할 수 있습니다. 〈스피드 30초 질문 레이스〉로 진행해 짝 혹은 팀별로 서로 문제를 내고 답을 맞히게 하는 것입니다. 함께 문제를 내고, 풀고, 틀리고, 고쳐주는 과정에서 참여하는 학생들에게 자연스러운 배움이 일어납니다.

96

각자 하나씩

⊛ 하 　🗨 중 　🏁 시작, 중간 　⏱ 15~20분 　🖥 ✕

👤 팀별로 4명씩 　📄 학습 내용에 관한 문제 파워포인트 자료

💬 미니 강의 전 발견 학습, 미니 강의 후 학습 내용 정리

가르쳐야 할 양이 너무 많거나 자칫 지루해질 수 있는 지식 전달 위주의 학습 내용일 때 적용하기 좋은 활동을 소개합니다. 팀원 모두가 선생님이 되어 각각 한 부분을 책임지고 나머지 팀원들을 가르치며 함께 배움이 일어나게 하는 〈각자 하나씩〉 활동입니다.

이때 '가르친다'는 것은 단순히 설명만 하는 것이 아니라 자신이 맡은 영역을 스스로 공부한 후 팀원들을 잘 이해시키기 위한 '자신만의 티칭 전략'을 사용하여 가르치는 것을 의미합니다. 즉 예를 들거나 생활과 연계시켜 설명하고, 혹은 관련 퀴즈를 내거나 암기 방법을 공유하는 식이지요. 이런 '또래 교수법(Peer teaching-learning)'을 통해 학생들은 다양한 티칭 전략을 활용하면서 문제 해결력, 창의성, 표현력 등도 키울 수 있습니다. 물론 서로에게는 가르치고 배우는 특별한 경험을 통해 배움의 즐거움을 줄 수 있겠지요.

활동 방법 🏃

1. 각 팀은 오늘 학습할 내용을 1/4씩 나누어 각자가 맡을 부분을 정합니다.

2. 학생들은 주어진 시간 동안 개별적으로 자신이 맡은 부분을 공부합니다. 이때 학습 내용의 핵심 요소를 찾아내고 자신의 경험이나 배경지식을 활용해서 확장시키거나, 관련된 예시나 실생활과 연관된 부분을 찾는 등 팀원들을 잘 이해시킬 방법들을 강구합니다.

3. 개인 학습 시간이 끝나면 팀별로 모여서 순서대로 자신의 티칭 전략을 활용해 다른 팀원들을 가르칩니다.

4. 제한 시간이 끝난 후 선생님은 학생들과 발표 형식으로 학습 내용을 점검합니다.

+Plus Tips

- 간단한 퀴즈를 통해 핵심 내용이 잘 정리되었는지 확인할 수 있습니다.

- 가장 이해하기 쉬웠던 정보, 가장 이해하기 힘들었던 정보 등에 관해 이야기를 나누는 등 생각 나누기 시간을 갖습니다.

97

기억 질주

⊗ 상　⊙ 중　⊡ 중간, 마무리　⊙ 10분　⊡ ×　⊚ 팀별로 4명씩
📄 팀별로 내용이나 순서가 다른 활동지 1장, 빈 종이 1장, 펜 1개씩
⊚ 학습 내용 암기, 내용 명료화, 신체적 활동성 향상

교과 내용을 가르치다 보면 학생들이 학습 내용을 정확하게 암기하는 것이 중요할 때가 있습니다. 무한정 지루할 것 같은 암기 활동도 팀별 암기 게임으로 진행하면 충분히 즐거운 활동이 됩니다. 팀별 승부와 신체적 활동이 지루할 수 있는 암기 활동에 활력을 더해 주기 때문입니다.

〈기억 질주〉 활동은 암기를 위한 각 팀의 활동지를 교실 앞, 옆, 뒤에 붙이는 것에서 시작합니다. 팀원들은 정해진 순서대로 자기 팀의 활동지가 붙어 있는 곳으로 달려가 가능한 한 많은 내용을 외우고 자신의 팀으로 돌아와 기억한 부분을 옮겨 적습니다. 다음 팀원은 이전 팀원이 외워온 내용에 틀린 부분이 있으면 수정과 보충을 할 수 있습니다. 암기력과 신체 능력은 물론 협동 능력도 요구되는 액티브한 활동입니다.

〈기억 질주〉 교실 배치

활동 방법 🏃

1 팀별로 순서 및 내용이 조금씩 다른 〈기억 질주〉 활동지를 미리 준비합니다.

2 각 팀의 활동지를 교실 앞 칠판과 뒤 게시판 및 양쪽 벽에 서로 떨어뜨려서 붙입니다.

3 팀별로 빈 종이 한 장과 펜 하나를 나누어 주고 팀원들의 순서를 정합니다.

4 선생님이 30초 카운트다운을 시작하면 각 팀의 1번 학생들부

터 자기 팀의 활동지로 달려가서 활동지에 있는 내용을 능력껏 암기합니다. 빨리 달려가야 암기할 시간이 길어지기 때문에 학생들은 전력 질주합니다.

5 30초가 지나면 다시 각자의 팀으로 돌아와 빈 종이에 암기한 내용을 적습니다.

6 다음 번호의 학생이 나가 30초 동안 암기합니다. 이때 앞서 적은 팀원의 암기 내용이 맞는지 점검해도 좋습니다.

7 제한 시간이 끝나면 각 팀으로 돌아가 자신이 암기한 내용을 적고 앞 팀원이 적은 내용에 오류가 있으면 수정합니다.

8 팀의 마지막 학생까지 같은 활동을 한 후 〈기억 질주〉 활동지와 팀별 활동지를 비교합니다.

9 가장 실수를 적게 한 팀이 우승입니다.

+Plus Tips

- 학습 내용의 난이도에 따라 암기하는 시간을 조절합니다.

- 사소한 실수를 어디까지 인정해 줄 것인지 미리 학생들과 상의하고 활동을 시작하도록 합니다.

- 활동 전 학생들과 암기 전략에 대한 아이디어를 공유해 보세요. 선생님이 주로 쓰셨던 전략을 공개하거나 아니면 팀별로 암기 전략을 짤 시간을 주셔도 좋습니다.

98
복습 기억 질주

⊛ 상　⊜ 중　📵 마무리　⏱ 10~15분　📖 ×　👤 팀별로 4명씩
　📝 팀별로 빈 활동지 1장, 빈 종이 1장, 펜 1개씩
　💡 학습 내용 마무리 및 암기, 단원 정리, 신체적 활동성 향상

〈97. 기억 질주〉와 비슷한 암기 활동입니다. 하지만 한 단원의 정리 단계에서 팀별로 학생들이 직접 자신들이 암기할 〈복습 기억 질주〉 활동지를 만드는 것이 다른 점입니다. 선생님이 암기할 내용을 제시하는 것이 아니라 스스로 한 단원에서 암기할 만한 가치가 있다고 판단되는 핵심 개념들을 선정하고 자신들의 말로 정의를 내려서 활동지를 만드는 것입니다. 이 과정을 통해 암기력뿐 아니라 학습 내용의 위계와 중요성을 판단하는 분석력, 정보처리 능력 등이 향상됩니다.

활동 방법 🏃

1　각 팀에 아무것도 적혀 있지 않은 〈복습 기억 질주〉 활동지를

나누어 줍니다.

2 팀별로 주어진 시간 동안 다양한 학습 자료를 검토해서 암기해 야 할 중요한 핵심 내용을 선택하여 활동지를 완성합니다.

3 선생님은 각 팀이 만든 활동지를 걷어 칠판과 게시판, 양쪽 벽 에 붙입니다.

4 각 팀의 1번 학생들부터 선생님의 신호에 맞춰 자기 팀의 활동 지로 가서 30초 동안 활동지 내용을 암기합니다.

5 30초가 지나면 다시 각자의 팀으로 돌아와 빈 종이에 암기한 내용을 적습니다. 이때 앞 팀원이 적은 내용에 오류가 있으면 수정합니다.

6 마지막 학생까지 같은 활동을 한 후 〈복습 기억 질주〉 활동지와 팀별 활동지를 비교합니다.

7 가장 적게 실수한 팀이 우승합니다.

+Plus Tips

• 더 큰 재미를 위해 각 팀에서 가장 먼 지점에 〈복습 기억 질주〉 활동지를 붙여 놓아서 학생들의 움직임을 늘려줄 수 있습니다.

• 사소한 실수를 어디까지 인정해 줄 것인지 미리 학생들과 상의하고 활동을 시 작하도록 합니다.

99

기억력 카드 게임

⊛ 하　ⓡ 중　🏁 마무리　🕐 15분　📱 ×
👤 팀별로 4명씩　🃏 팀별로 기억력 게임 카드 1세트
🎯 학습 내용 정리, 수업 마무리

추상적인 개념에 구체적인 시각 자료를 입히면 정보 전달과 이해가 빨라집니다. 동시에 학습 자료와의 상호 작용이 풍부해지기 때문에 학습자가 오랫동안 정보를 기억할 수 있으며 결과적으로 학습 효과가 높아집니다. 만약 이 시각 자료에 '연상'을 덧입히면 어떻게 될까요? 학습 자료를 기억하기가 더 쉬워지는 것은 물론이고 장기 기억으로 저장되는 비율 및 장기 기억에서 다시 끄집어내는 재생 능력 또한 높아질 것입니다.

시각 자료와 연상에 의한 학습 효과를 극대화할 수 있는 재미있는 기억력 게임 활동이 있습니다. 우선 선생님은 수업 시간에 다루는 내용에서 중요한 단어, 개념, 정의와 관련된 사진 및 그림 자료를 준비한 뒤 단어와 자료를 활용하여 기억력 카드를 만듭니다. 예를 들어 중요 어휘 20개와 시각 자료 20개로 총 40장의 카드를 만드는

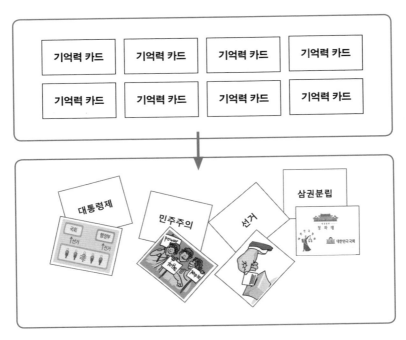

〈기억력 카드 게임〉 활동 예시

것이지요.

카드를 모두 뒤집어 놓고 게임을 시작합니다. 학생들의 미션은 시각 자료 카드와 어휘 카드를 바르게 매치하는 것입니다. 각 학생은 자기 차례가 오면 두 장의 카드를 뒤집을 수 있습니다. 뒤집은 카드가 서로 매치되면 그 두 장의 카드를 가져갈 수 있습니다. 만약 매치가 안 되면 다시 뒤집어 원상 복구해야 합니다. 즉 학생들은 우선 핵심어와 연상되는 사진 자료를 파악하고 그 위치를 잘 기억하고 있다가 매치되는 카드를 순발력 있게 차지해야 합니다. 모든 카드가 다 매치되어 게임이 끝나면 가장 많은 카드를 가지고 있는 학생이 우승하게 됩니다. 오늘 수업의 배움과 즐거움을 카드에게 맡겨 보세요.

활동 방법 🏃

1 수업 전에 핵심어 10~20개와 각각의 핵심어를 연상시킬 수 있는 시각 자료를 찾아 〈기억력 카드 게임〉에서 사용할 카드를 만듭니다. 그리고 팀의 수만큼 카드 세트를 준비합니다.

2 게임 시간이 되면 팀별로 카드를 한 세트씩 주고 책상 위에 모두 뒤집어 놓게 합니다.

3 팀원들은 순서를 정하고 한 사람씩 돌아가며 두 장씩 카드를 뒤집습니다. 두 장의 카드가 서로 매치될 때만 카드를 가지고 갈 수 있습니다. 매치가 되지 않은 경우 도로 뒤집어 놓습니다.

4 모든 카드가 사라질 때까지 게임을 합니다. 마지막에 가장 많은 카드를 가지고 있는 학생이 우승입니다.

⁺Plus Tips

같은 형식이지만 '핵심어 – 연상 그림' 대신 '핵심어 – 핵심어 정의', '핵심어 – 핵심어 예문', '영어 단어 – 영영 의미' 등으로 다양하게 활용해 보세요.

100

신호등 형광펜

⊛ 하 　⊜ 하 　⊞ 시작, 중간 　⊘ 10분 　⊡ ○
⊜ 팀별로 4명씩 　⊜ 개인별로 세 가지 색상(파랑, 빨강, 노랑)의 형광펜
⊜ 미니 강의 전 발견 학습, 이해의 명료화

수업에서 학생들이 읽고 이해해야 할 학습 자료가 길고 방대하다면 학생들은 이해의 흐름을 쉽게 잃습니다. 그럴 경우 핵심적인 내용이나 글의 요지를 파악하는 것이 힘들어집니다. 이때 형광펜을 사용하면 학습 내용을 손쉽게 분석하고 파악하는 데 도움을 얻을 수 있습니다.

우선 학생들에게 빨강, 노랑, 파랑의 세 가지 색상 형광펜을 준비하게 합니다. 그래서 이 활동의 이름이 〈신호등 형광펜〉입니다. 이 활동은 선생님이 색상 지령을 어떻게 내리느냐에 따라 다양한 방법으로 활용됩니다. 학생들은 다양한 색상 지령에 맞추어 세 가지 형광펜으로 각기 다른 강조 표시를 하며 학습 자료를 읽습니다. 그 후 〈18. 생각-짝-나누기〉 활동과 연계하여 자신이 강조 표시한 부분을 공유하면서 학습 내용의 가장 핵심적인 내용에 대한 의견을 일

치시킵니다. 또한 이해하기 힘든 부분이나 논쟁의 여지가 있는 부분에 대해 서로 가르쳐 주거나 짧은 토론 활동을 하여 학습 내용을 확장시킬 수도 있습니다. 만약 그 후 〈짝-나누기-쓰기〉 활동과 연계한다면 과정 평가의 자료로 충분히 활용할 수 있습니다.

활동 방법 🏃

1 학생들이 세 가지 색상의 형광펜을 미리 준비할 수 있도록 합니다.

2 학습 내용에 따라 색상 지령을 학생들에게 알려줍니다. (신호등 형광펜 색상 지령 예 : 파랑 – 핵심 내용, 노랑 – 부연 내용, 빨강 – 이해하기 힘든 내용 / 파랑 – 지식적 내용, 노랑 – 개념적 내용, 빨강 – 논쟁의 여지가 있는 내용 / 파랑 – 중요한 내용, 노랑 – 흥미로운 내용, 빨강 – 이해하기 힘든 내용)

3 일정 시간 동안 학생들은 개인별로 학습 자료를 읽으며 형광펜으로 색상 지령에 따라 표시를 합니다.

4 팀으로 모여 색상 지령에 맞는 생각 나누기 시간을 갖습니다.

5 이해되지 않은 부분을 팀이 함께 해결하지 못한다면 선생님에게 도움을 요청합니다.

6 팀 생각 나누기 시간이 끝난 후 운명의 컵으로 학생을 선정하여 글의 핵심 내용, 부가적인 내용 등 분석한 내용에 대해 질문을 합니다.

7 적절한 대답을 한 경우 학생의 팀에 점수를 줄 수 있습니다.

+Plus Tips

〈신호등 형광펜〉 활동 후 학습 내용에 대한 자신의 생각을 정리하여 짧은 글을 쓰는 활동과 연계할 수 있습니다.

ACTIVE LEARNING

액티브 러닝 수업 100

초판 1쇄 발행 2021년 10월 11일
지은이 표미선

발행인 윤을식
펴낸 곳 도서출판 지식프레임
출판등록 2008년 1월 4일 제2020-000053호
주소 서울시 동대문구 청계천로 505, 206호
전화 (02)521-3172 | **팩스** (02)6007-1835

이메일 editor@jisikframe.com
홈페이지 http://www.jisikframe.com

ISBN 978-89-94655-99-4 (03370)